DIVAGAÇÕES SOBRE UM MUNDO EM CRISE

Régis Fernandes de Oliveira

DIVAGAÇÕES SOBRE UM MUNDO EM CRISE

Betelgeuse – Covid-19 mudando pessoas

Divagações sobre um mundo em crise
Copyright © 2021 by Régis Fernandes de Oliveira
Copyright © 2021 by Novo Século Editora Ltda

EDITOR: Luiz Vasconcelos
COORDENAÇÃO EDITORIAL: Silvia Segóvia
PREPARAÇÃO: Bel Ribeiro
REVISÃO: Deborah Stafussi
DIAGRAMAÇÃO: Vanúcia Santos
CAPA: Plinio Ricca

Texto de acordo com as normas do Novo Acordo Ortográfico da Língua Portuguesa (1990), em vigor desde 1º de janeiro de 2009.

Dados Internacionais de Catalogação na Publicação (CIP)
Angélica Ilacqua CRB-8/7057

Oliveira, Régis Fernandes de
 Divagações sobre um mundo em crise : Betelgeuse – Covid-19 mudando pessoas / Régis Fernandes de Oliveira. – Barueri, SP : Novo Século Editora, 2021.
 288 p.

ISBN 978-65-5561-151-9

1. Filosofia 2. Reflexões 3. Religião 3. Ciência 4. Política 5. Sociedade 6. Vida I. Título

21-0885 CDD 001

Índices para catálogo sistemático:
 1. Filosofia 001

Alameda Araguaia, 2190 – Bloco A – 11º andar – Conjunto 1111
CEP 06455-000 – Alphaville Industrial, Barueri – SP – Brasil
Tel.: (11) 3699-7107 | Fax: (11) 3699-7323
www.gruponovoseculo.com.br | atendimento@novoseculo.com.br

Para Marilene,
com todo o amor do mundo.
Como presente, minha estrela-guia.

SUMÁRIO

1. O MISTÉRIO DA VIDA 9
2. O MUNDO É OBRA EVOLUTIVA OU CRIATIVA? 13
3. O QUE É DEUS? 17
4. O SER HUMANO E O MUNDO 19
5. O SER HUMANO 21
6. O MUNDO E O CAOS DO SER 25
7. OUTROS MUNDOS 27
8. A NATUREZA INCONTROLÁVEL DO SER 29
9. O ESTADO 31
10. SOCIEDADE E SEXO 33
11. O JOGO DO PODER E A DOMINAÇÃO 37
12. A VIOLÊNCIA SIMBÓLICA 41
13. O JUDICIÁRIO NO JOGO POLÍTICO 43
14. O PARLAMENTO 45
15. A ESTRATÉGIA 48
16. O UNIVERSO E A ORDEM 50
17. AS DOENÇAS 52
18. RELIGIÃO. ORIGEM 54
    - 18.1. OS DOIS MUNDOS DA RELIGIÃO 56
    - 18.2. A RELIGIÃO SEGUNDO MAX WEBER 70
    - 18.3. A RELIGIOSIDADE 71
    - 18.4. RELIGIÃO E DOMINAÇÃO 75
19. A ESPERANÇA E A NATUREZA 77
20. O JOGO DA VIDA 79
21. AS MULHERES 81

22.	DEMOCRACIA	83
23.	LIBERDADE E IGUALDADE. DIREITA E ESQUERDA	85
24.	O ALGORITMO	87
25.	O TERRORISMO	89
26.	O ILUMINISMO RESOLVE?	91
27.	AS PAIXÕES	93
28.	OS ESPAÇOS CÓSMICOS. LENDAS E ENERGIA	95
29.	FINITUDE	97
30.	A VIDA	99
31.	OS AFETOS	102
32.	O MEDO. IGUALDADE DOS AFETOS	105
33.	O MITO	107
34.	ABORTO	108
35.	ARTE	110
36.	EDUCAÇÃO	111
37.	RELAÇÕES INTERNACIONAIS	113
38.	O MEIO AMBIENTE	115
39.	FELICIDADE	117
40.	O VÍRUS	119

MINHA ESTRELA BETELGEUSE 121

BIBLIOGRAFIA 287

O MISTÉRIO DA VIDA

Cada pessoa tem sua visão do mundo. Os filósofos indagam sobre a existência. As pessoas nascem, vivem e morrem sem qualquer indagação sobre o porquê de sua existência. Vim ao mundo para alguma coisa? O roteiro está pronto e só resta segui-lo? O sofrimento que nos é imposto desde o nascimento até a morte nos entristece. O homem nasce para morrer. Não tem como escapar da fatalidade. Os primeiros anos são para contentamento ou tristeza dos pais. Muitos são natimortos, outros vão-se tão logo entram na infância ou na puberdade. Os demais são chamados de volta ao pó na idade adulta. Mas, de qualquer maneira, o caminho é inequívoco e uno: a morte.

Encontramos um mundo já pronto e nos são dadas ordens para que sigamos determinados roteiros. Quando alguém indaga sobre seu destino, as respostas não chegam. De onde viemos? Para onde vamos? De que vale e serve a vida se vamos morrer?

O peso insuportável do destino é verificado no dia a dia. A pele perde a flexibilidade, os músculos atrofiam, os ossos adquirem osteoporose, as batidas cardíacas se alteram, a memória perde o viço, os cabelos caem, o apetite sexual esmorece. O câmbio de nossa existência é diário.

Por outro lado, passamos a nos interrogar sobre o absurdo da vida humana. Pensamos nas desigualdades sociais e sabemos que são injustas. Por que há tanto sofrimento? Qual o motivo de tanto sacrifício em continentes como a África? Será por causa da charrete de Faetonte? Por que tantos confrontos tribais? Por que tanta violência e pessoas humilhadas e seviciadas?

Daí a perplexidade da vida. Nascer e ir para onde? A vida, dependendo da família em que nascemos, nos leva a alguns roteiros ignotos. O desconhecido nos apavora. Buscamos, então, alguns confortos e refúgios. O medo do obscuro nos causa insegurança. Procuramos albergue em casas desconhecidas.

O peso insuportável do destino nos aflige diariamente. Daí a questão: "E agora, José?", perguntaria Carlos Drummond de Andrade.

A perplexidade que nos causa o eterno, o mundo em sua totalidade, planetas, satélites, o infinito desconhecido, tudo leva o homem a duvidar de si próprio.

Não passamos duas vezes no mesmo rio, disse Heráclito. Daí nossa perplexidade. O desconhecido nos apavora. Procuramos albergues em casas desconhecidas.

Seguem-se as inevitáveis perguntas: De onde vim? Para onde vou? O que vim fazer aqui? Qual o meu destino? Quais caminhos percorrer? Que futuro me é reservado? Existe o além? Há almas que perambulam pelo mundo? Cabe comunicação com elas? Há outro mundo?

Tais questionamentos assolam o ser humano desde seu nascimento. Começa com o mundo dos "porquês" do vocabulário infantil e assim segue o homem por toda a vida. Não encontra resposta razoável para sua existência.

O ser humano mostra-se perplexo diante do nada. O vazio existencial faz com que não aja. Se pensar na vida e na sua inocuidade, o ser se desespera.

A vinda ao mundo é o deparar-se com o desconhecido. O ignorado amedronta. O homem vive em constante mudança. Cresce para morrer. Luta por cargos, por posição, por dinheiro, por prazer... Para quê?

Durante toda a vida busca um sentido. Viver para quê? Trabalhar para quê? Cumprir as normas sociais para quê? Ter filhos para que morrem. Casar-se para pôr gente no mundo que irá morrer. Talvez antes de si próprio. A alegria de ver uma criança será entristecer-se com sua morte.

O homem, diante do desconhecido, busca uma razão para tudo. Procura uma finalidade da vida. Aristóteles ensinava que a causa final é tudo. Casa-se para a perpetuação da espécie. Faz-se ginástica para aprimoramento físico. Trabalha-se para ganhar dinheiro. Ganha-se dinheiro para gastá-lo em proveito próprio, viagens, boa casa, bom carro...

No final, a morte é fatal. Daí o absurdo do mundo. Vive-se para morrer.

A imagem de *Esperando Godot*, de Samuel Beckett, dá bem a ideia do vazio que nasce no homem quando aguarda que alguma coisa aconteça. Ele volta no dia seguinte para esperar a mesma coisa.

A vida é o total sem sentido. O nascimento é o início da morte. A morte, o esperado fim de todos. Daí o questionamento: Para quê? Ora, respondo, o essencial é que você integre o universo. Dir-se-á que de qualquer forma estaremos morrendo para viver de novo em outros seres. É verdade. Esta é a fatalidade do nascimento. Perde-se qualquer encanto. É verdade. No entanto, o importante é saber que integramos o espetáculo da evolução.

Edgar Morin disse em seu texto *Para onde vai o mundo* que é ele a reprodução da reprodução e o eterno evolver. O devir permanente do nada. Daí nasce a angústia. Se pensarmos seriamente à maneira materialista, nada nos resta senão o desespero. No entanto, surge o fantástico, isto é, a integração no mundo e o renascer em outro ou em outros. Nossos átomos podem não se dispersar inteiramente e, assim, formarem outra pessoa, que terá, então, os mesmos caracteres nossos e nossa semelhança. Claro que se respeitam as leis da genética e da transmissão dos genes. A hereditariedade é uma certeza científica. No entanto, ela não é absoluta, porque não reproduz o ser por inteiro. Reproduz parte de um ser que não será o mesmo, apenas parecido com o original. Mistura de genes de macho e fêmea dará origem a terceiro que pode guardar as características de um ou de ambos, mas misturado com outros átomos.

Este é o sentido mais essencial da vida: renascer eternamente. Certo que não saberemos como nem por quê. Daí a razão mítica de que se atravessa um rio denominado Letes, ou esquecimento. De nada nos lembraremos, porque já não seremos a mesma pessoa nem o mesmo cérebro. Outro será nós. Daí a frase notável de Rimbaud: "Eu é um outro".

2
O MUNDO É OBRA EVOLUTIVA OU CRIATIVA?

O mundo sempre foi mundo. Não há um ato voluntário ou racional de criação. Não há um ser eterno que tenha, em algum momento, criado todas as coisas e todos os seres, dando-lhes vida, instinto ou razão. O mundo é o que é. O mundo se altera a cada instante. O cair de uma folha é um fato que altera o ser das coisas. A árvore já não é a mesma. É outra que tem suas folhas em queda no outono e revigora sua força na primavera. Fica triste no inverno e alegre no verão. A árvore, tanto quanto tudo que há no mundo, é substância. A árvore é o que é. Mesmo em sua transmutação.

Cada ser ou coisa muda à medida que se altera o dia. À noite as flores exalam um aroma delicioso e forte. Pela manhã, definham. Outras têm o procedimento contrário. Revivem pela manhã e se entristecem à noite. Os pássaros cumprem o mesmo ciclo. Alguns voam à noite. Outros gorjeiam pela manhã e dormem à noite. No mundo animal cada um tem sua vida, seu modo de ser instintivo. Alguns são dóceis e domesticados. Outros, agressivos e arredios.

Nada se faz de forma abrupta. O câmbio é lento, mas fatal, diz Miguel de Unamuno, em *Del sentimiento tragico de la vida*.

Não há uma força única que comanda tudo. Cada qual faz seu papel, vivendo as forças da natureza. Esta criou-se a si própria. Nasceu, seja do *big-bang* ou não, numa explosão de prótons. Nem há necessidade da explosão inicial. Em verdade, a natureza se comanda. Ela cria seus fenômenos e movimenta sua poderosa máquina.

Darwin foi quem primeiro aclarou o fantástico mundo da vida. Demonstrou que animais e aves têm seu corpo alterado de acordo com o ambiente em que vivem. Não que haja a prevalência do mais forte. Há uma adaptação daqueles que são mais hábeis ou mais subsistentes. Aquele que tem um defeito não subsiste em contato com o mundo. Se há necessidade de caminhar para buscar alimento, perecem. O que necessita de asas para voar e nasce com o defeito congênito de não as possuir morre. É assim, não porque alguém quer, mas porque é assim.

A adaptabilidade do ser é questão de subsistência. Os inadaptados não subsistem. Morrem, dando lugar aos que se mantenham vivos e que irão se reproduzir, dando vida aos que possuam as condições para tanto. É a lei da vida. É o que é.

Diga-se o mesmo do ser humano.

Uma única diferença foi ressaltada por Rousseau em seu estudo sobre a causa da desigualdade dos homens. Enquanto o animal não muda, pois o gato não se habitua a comer milho, o homem altera seu comportamento. É o que rotulou de *perfectibilidade*. O homem aperfeiçoa-se. Ele evolui porque faz uso de sua razão (mesmo tal situação é contestada, mas sigamos). O homem, por força de sua razão, consegue dominar a natureza ou luta com ela, buscando novos meios de adaptação. O ser humano entra em contato com a natureza e com ela se confronta.

A perfectibilidade não significa que o *homem* se aperfeiçoe. Pode até piorar em termos de comportamento.

O homem é natureza, como a própria natureza. Substância como a de qualquer coisa. O ser humano está integrado no e com o mundo. É parte dele. O mundo muda e o homem muda. Heráclito tinha razão. Parmênides pode parar um determinado instante no passado como memória, mas não para o devir eterno.

A substância é degradável. Não se mantém ao longo dos tempos. Ao contrário, a deterioração é fatal, e o homem se entristece.

Não houve um ato, em sete dias, que criasse o mundo, como se uma força onipotente desse causa a tudo. A causa eficiente não é momentânea. Nem é causa. O mundo é caótico e evolui de forma desconexa e turbulenta. O centro da terra é pavoroso. Vulcões, transmutação de placas tectônicas, acomodação de camadas. Tudo se move ao sabor de movimentos descompostos e inconsequentes.

Pode haver uma harmonia no globo à imagem aristotélica? Podem existir regras permanentes de transmutação? A realidade mostra que não. Não há regras, não há disciplina normativa, nem há sintonia entre suas diversas partes. O mundo é o que é. Não é o que uma ordem quer que ele seja.

O mundo é o caos permanente. O caos que não acaba. O caos é o caos. O caos é o ser. A substância spinoziana. Nada além disso. Pode-se dizer, aristotelicamente, que há uma ordem no universo que tende a um fim. Este fim não existe. O universo marcha inexoravelmente para o nada. Distribui sua energia por todo o mundo e entre todos os seres tresloucadamente. Sem rumo e sem fim.

A obra da criação é pura fantasia. Para contestar, pode-se perguntar: se o mundo nasceu do caos, de onde veio o caos? Ora, se nada nasce do nada, a substância originária já existia durante todo o tempo. Mas não obra de alguém, personalizado ou intelectualizado. Alguém que se condoeu ante o caos e resolveu lhe dar forma e sujeito. Ora, apenas o medo pode ensejar a conclusão de imaginar que alguém, um deus personalizado, possa, com sua inteligência, idealizar tudo e todos os seres vivos para montar um mundo.

A tese contrária é muito mais racional e aceitável. O mundo era caos e deu forma a diversas coisas evolutivamente, fazendo que surgisse o ser humano. Nada de Prometeu furtando a vida e a inteligência dos deuses gregos. O mundo é o mundo, e nele estamos integrados como átomos. Desaparecemos, como se extinguiram seres antigos (dinossauros), para dar nascimento a outros. Epidemias, mortes, genocídio, tudo faz parte do evoluir ou involuir do ser humano. No entanto, não há ordem em tudo isso. Há confusão e balbúrdia, de forma a que sigamos com guerras, incompreensões, lutas inconsequentes, criações apocalípticas. Este é o mundo. Não ordem, mas caos.

O QUE É DEUS?

Se há alguma coisa sobre que me debrucei profundamente foi o entendimento de Deus. Aliás, não só eu. A humanidade, no correr de toda sua história, tem procurado saber quem ele é, saber da sua existência. Alguns podem pensar que é uma energia. Outros, que é um ser barbudo que resolve o destino de todos. Ainda pode-se pensar em um ente que decide tudo.

Em verdade, ninguém sabe o que é Deus, mas todos falam em seu nome. Em todas as igrejas ouço alguém que fala em nome de Deus ou em nome de Jesus. Todos falam. Nunca vi um culto, católico ou evangélico, em que seu nome não fosse usado em vão.

Tenho a nítida impressão de que Deus, como ser ou como pessoa, não existe. Não há alguém, uma inteligência que tivesse criado tudo e todos e que dentro de uma oficina monstruosa dirige o destino e a vida de cada um.

Neste passo, a religião professada dentro das igrejas é pura farsa. Alguém que se diz intermediário e fala em nome de Deus ou de Jesus, seu filho, prega coisas em seu nome. Muitos o aplaudem, como se ele tivesse ouvidos para ouvir.

O ser onisciente, onipotente e onipresente só pode existir na mente de alguns iluminados que entendem um texto de um livro encontrado e escrito há tempos como prova absoluta. Acho fantástica a fé. Adoraria tê-la. No entanto, não consigo me convencer de algum ser gigantesco que comanda tudo e todos.

Verdadeira terra liliputiana em que não nos compreendemos, mas por necessidade cremos que existe um ser barbudo e risonho que decide o destino de todos. Pior, aliás, que decide mal, porque permite a ocorrência de calamidades de toda espécie e, curiosamente, sempre prejudicando pessoas menos favorecidas; isto é, os pobres. Estes são os mais sacrificados. Nada têm. Nada aspiram na sociedade senão o trabalho.

Bem andou Castro Alves ao indagar em seu famoso poema *Navio negreiro*: "Senhor Deus dos desgraçados! Dizei-me vós, Senhor Deus, se eu deliro... ou se é verdade tanto horror perante os céus?". Onde anda o Deus dos desgraçados quando as desgraças ocorrem? Guerras, estupros, assassínios, genocídio, pedofilia, racismo, extermínio étnico. Onde está o Deus dos desgraçados? Será que em algum lugar ele assiste a tudo e nada faz?

Infelizmente, a época dos falsos profetas já chegou. Em todos os cantos e em todos os lados há pessoas que pregam em seu nome e cobram também em seu nome para erguer sua obra. Em verdade, não erigem obra alguma. Montam uma empresa bem arrumada que lhes dá sustento farto e a toda sua família. Nenhuma obra social fazem. Pensam apenas em seu conforto e da sua família, relegando pobres coitados, ilaqueados em sua boa-fé.

O SER HUMANO
E O MUNDO

Diariamente o ser humano entra em contato com o mundo e este com o ser humano. Ambos se encontram. A cada instante, isto mesmo, a cada fração de segundos, o corpo atrita-se com o ar, com outros corpos e outros seres, com os animais e os inanimados. Tudo em composição de gestos, de carinho, de angústia, de prazer e desprazer. Sentimentos que vêm e vão. Momentos que marcam o momento. Impressões que ficam e se desfazem no ar. Tudo em constante vibração e mutação. Esvaecimentos.

Os contatos geram alegria ou tristeza. O que produz alegria queremos que perdure. Gostaríamos que tudo permanecesse imóvel para usufruirmos aquele momento. Torná-lo eterno retorno. *Carpe diem*. Sentimentos que provêm do mais profundo da alma, que é matéria como o cérebro. A tristeza, queremos nos ver livres dela. O que nos perturba anula nosso raciocínio, nos entristece. Neste confronto com o mundo procuramos manter momentos que nos despertam alegria e buscamos afastar o que nos causa tristeza.

O importante é que não nos esqueçamos de que é o mundo que nos move. Cada molécula. Cada célula. Cada átomo. Tudo está em movimento desde sempre. Quando buscamos contato com o mundo rejuvenescemos. Significa que voltamos à origem. Ao pó. A Bíblia tem razão quando diz que do pó viemos e ao pó voltaremos. É que nascemos de algum contato sexual entre nossos pais, pouco importa se casados ou não. A maior nobreza de tal momento foi o orgasmo infinito ou uma mera brutalidade, de pouco vale tal distinção. Em verdade, nascemos de um grande amor ou de uma falaciosa violência. Nascemos simplesmente.

O homem busca conduzir seu comportamento de forma a compatibilizá-lo com o de outros para que possa haver a vida dita "civilizada". Ao impedir guerras busca a subsistência da vida. Ao evitar o genocídio pretende preservar etnias. Ao defender o meio ambiente busca preservar as espécies. Para quê? Única e exclusivamente para que possa impedir a violência, a angústia, o sofrimento. Estes sim são objetivos maiores.

O homem nasce sem sentido e busca a sobrevivência da melhor forma possível. Procura controlar suas pulsões por meios aceitáveis pela sociedade. É o que se denomina civilização, que nasce com a repressão. O homem é paixão e instinto. Em sua origem, quando vivia em meio à natureza e em tribos, tinha códigos de agressão, respeitando aqueles gerados em seu seio. Depois, passou a viver em união de tribos por meio de pactos de sujeição. Não havia forma civilizada ou compreensiva de acordos. Uma tribo dominou outra e impôs sua forma de vida, e dominou a terceira, e assim por diante, até surgir um complexo de regras a que todos deviam obediência, sob pena de punição.

Daí nasce a cidade, a cidade-estado e o estado. Fases obrigatórias de união dos divergentes por força de conquista.

O SER HUMANO

O nascimento é mero fator biológico. Encontramo-nos em um mundo cheio de problemas. Mas nascemos. De pais casados ou não. Irrelevante. O que vale é que uma atração física ou uma violência deu causa a que uma porção de células se encontrasse com outra porção e resultasse em uma nova vida. Vida nova como outros milhares que nascem todos os dias, provindos também da violência ou do amor, mas que são vidas novas. O casamento é um fato social. O nascimento, biológico. Este é mais importante, porque não respeita protocolo nem regras; simplesmente cumpre as determinações da natureza. Órgãos que se encontram em amor ou ódio, mas que geram vida.

O fato da natureza é gerador da própria natureza. Não é como Platão dizia que há almas que escolhem voltar à vida humana. E são tantas as que têm que voltar que, por vezes, faltam almas, recolhidas em algum lugar do eterno...

O mundo é o mundo como é, composto de substâncias. Cada qual é uma e se mistura com outras que se reproduzem também, em profundo caos de inconsequências.

Não há ordem. Nada foi feito de forma a se reproduzir certinho. Tudo nasceu do caos e no caos segue e seguirá eternamente, em reprodução insensata do fluxo eterno da vida.

Não há verdades, porque a verdade pressupõe estagnação. O verdadeiro não está neste mundo. O verdadeiro só surge como paradigma para impedir a evolução e dar a segurança que os homens buscam e de que precisam para suportar a insensatez da vida.

O fluxo não pode ser detido. É fluxo porque é fluxo. Ninguém comanda seu devir. Ninguém pode deter sua inexorabilidade. Não há uma razão superior que o comanda e possa detê-lo. Jamais alguém pôde paralisar o sol (o que desmente até as leis da natureza e o heliocentrismo).

A fluência de fenômenos e fatos alcança o ser humano. Atinge-o fazendo que seja diariamente golpeado por sua própria decadência.

Diante da fragilidade humana, as pessoas têm que buscar uma solução para a dramaticidade da vida e para esquecer o sentimento trágico da existência. Não sei se Nietzsche tinha razão ao postular o classicismo grego como o período áureo da humanidade. Pôs em confronto o apolíneo e o dionisíaco. Este era o viver desesperado e pujante da vida que deve ser vivida. A embriaguez, a profundidade dos sentimentos, a dança, a vida sem peias, o orgasmo sentimental, tudo fazia que se pudesse ter a orgia do pulsar humano. O apolíneo corrigia os disparates, os excessos, os desvios, colocando o homem na condição da vida.

Ao criar Zaratustra – o homem sem medo que buscava extrair o máximo da existência –, parece que conseguiu entender a grande glória da vida.

Não devemos nos amaldiçoar porque vivemos. Não. Toda carga negativa que carregamos durante a vida, isto é, todos os dissabores, todo o envelhecer diário, todo o caminhar para a morte, todo o badalar irresistível do relógio do tempo que nos engole a cada segundo, tudo isso não nos deve levar ao inconformismo, ao suicídio e ao desespero.

Ao contrário. O sentimento de curtir cada momento cresce. Porque sabemos que um dia voltaremos a compor o universo das células, dos átomos e das moléculas, é que devemos partilhar a grandeza do mundo. A maravilha da natureza é fazer que estejamos vivendo o eterno retorno, mas não na concepção nietzschiana, mas sim na de sentimento moderno, qual seja, o de aproveitarmos o momento para repeti-lo.

Diz-se que jamais podemos repetir o momento consagrado. Os momentos que vivemos em compleição profunda com outro ser (homem ou mulher) bastam para suavizarmos a crueldade do passar dos minutos. Aquele momento de profunda felicidade deve ser repetido. Não será o mesmo, nem podemos repeti-lo com a mesma intensidade. Mas devemos procurar não só a mentalização do passado em que tal momento foi vivido, pois podemos buscar repeti-lo em nosso sentimento-memória. Volto a insistir. Não será a mesma coisa. Nem isso seria possível. Mas a busca do sentimento do eterno, do eterno daquele momento é que se pode procurar. É como disse o poeta Vinicius de Moraes, que o amor seja infinito enquanto dure.

Sabidamente o momento é instantâneo. É um *flash* que busca manter o momento imorredouro. É uma fotografia que fica daquele saboroso encontro. Não volta mais. Mas podemos repeti-lo, seja em memória, seja perseguindo sua repetição. Repetição que não será a mesma, mas que pode ser parecida. O perfume que nos ficou pode ser o mesmo e podemos tentar voltar àquele instante. Não se repetirá, mas pode ser imitado.

O problema crucial é o ser. Sou eu mesmo? Sou apenas matéria ou alma também? Minha alma é que comanda? A alma é também matéria? Se há um ser, posso ser objeto de mim mesmo ou objeto dos outros? O ser é somente ele ou também sua circunstância? Ele é moldado por esta circunstância?

O ser não existe para si próprio. Ele está no meio de outros. Com eles convive. Entra em contato com outros e com objetos e procura conhecê-los. Quem é este ser humano? Alguém que vive para si só ou que entra em contato com tudo e todos? E se é este último, como se aproximar de tudo e de todos? Quais os instrumentos de que dispõe para o conhecimento? Se tenho que conhecer, tenho que partir do objeto do conhecimento. Para tanto, necessito da empiria e também do intelecto. Kant diz que tenho de ter os instrumentos de conhecimento para poder conhecer o objeto cognoscível.

O MUNDO E O CAOS DO SER

O mundo, originariamente, veio do caos e no caos continua. Espargiu por todo o universo um trilionésimo de partículas infinitas, das mais diversas formas, cores, cheiros. Organismos infinitesimais que se repetem e se multiplicam em multifacetados modelos. Tudo é infinito aos olhos do homem. Não se farta o ser humano de descobrir novas técnicas científicas nem de desbordar os conhecimentos humanos limitados para atingir outros. A cada dia descobrem-se novos planetas e novos organismos no mundo. A pluralidade de mundos é inapreensível pela limitada mente humana. Exatamente, porque a mente humana não quer pensar o universo como infinito. Aristóteles pensou-o finito, no que foi posteriormente desmentido por Newton.

O infinito não admite o alcance da mente humana. É infinito, e pronto. Quando se tenta abarcar o universo todo, podemos pensar que as células que o compõem também são infinitas. E elas não ficam somente no que chamamos de Terra, circulam por entre os mundos levados pelos ventos infinitos. Quanta pretensão pensar que somente exista a terra habitada por seres que rotulamos humanos. Quantas outras espécies de vida existirão em outras partes do universo? Se ele é infinito, como já demonstrou a ciência, como podemos pretender que só nós existimos, como que deslocando novamente o centro do universo para o centro da Terra.

OUTROS MUNDOS

Em verdade, as moléculas circulam por todos os lugares do mundo. Não apenas no planeta terra, mas em todos os lugares possíveis e imagináveis. Por isso é que nascem o que denominamos pessoas excepcionais ou aleijões no mundo animal. Outra coisa não significa senão células de outros mundos que se misturaram às nossas dando origem a seres diferentes. Nós os rotulamos de excepcionais. Não são excepcionais. Simplesmente são diferentes de nós porque receberam células, moléculas ou átomos de outros mundos.

Não são mundos iguais, com certeza. Não pensam como nós. Não têm nossos sentimentos, nem nossa fisionomia, nem nossa estrutura corporal. São diferentes. Na medida em que suas células, moléculas e átomos igualmente circulam por todo o universo, misturam-se com as nossas que, ao morrermos ou nos desintegrarmos no dia a dia, igualmente circulam por todo o mundo, atingindo outros seres de outras galáxias. Mundo eterno e infinito que não se reduz a uma vida burocrática. Vidas sem sentido, mas que movimentam outras vidas neste mundo sem limites, sem fronteiras.

O intercâmbio pessoal ainda não começou, nem pode começar, porque da mesma forma que o mundo nasce do caos, pode nele se tornar. Os fenômenos humanos são infinitos e podem, a qualquer tempo, para nosso desespero, nos atingir de forma violenta. As mutações climáticas que ocorrem no dia a dia, não porque o humano agrida o meio ambiente e este se revolte, nos atingem com inclemências ferozes.

Ninguém pode pretender que a vida se estabilize.

A existência de outros mundos é plenamente possível e aceitável diante da tese evolucionista. O que evoluiu aqui evoluiu em outros planetas e em outras esferas deste universo infinito. Nada a estranhar que surjam outras formas de vida, piores ou melhores que a nossa, mas de qualquer forma diferentes. A composição corpórea será fatalmente diferente. A imaginação e a ciência, a técnica e a invenção cinematográfica podem criar formas de vida as mais diferentes. Todas possíveis, sem qualquer surpresa. Para quem crê no criacionismo não será possível outra forma de seres. No entanto, para os que supõem outra visão do mundo, a existência de extraterrestres é absolutamente possível.

A NATUREZA INCONTROLÁVEL DO SER

Freud explicou a origem vulcânica dos sentimentos. Um dos mais poderosos e indomados é o sexual. As fases da infância redundam em diversos comportamentos futuros que não podem ser recriminados. Simplesmente explodem dentro das pessoas de forma incontrolada. Extrovertem-se e atingem terceiros de forma inapelável, podendo causar transtornos. São sentimentos que devem ser reprimidos em nome da sociedade. Mas ninguém pode negar o incrível confronto em ebulição no interior da pessoa.

A natureza é incontrolável. A semente não deixa de germinar. As flores não param de nascer e nos encantar. O sol nasce todos os dias. As noites sucedem os dias. Estes as noites. Este martelar diário e sucessivo é consistente. Os pássaros prosseguem seus voos e os animais menores se sucedem. Os grandes lutam pela subsistência. A vida nas reservas africanas é incontrolável. Quando a leoa sente o cheiro da presa e tem fome, ataca. É seu instinto eterno. A única perfectibilidade é a do homem.

Da mesma forma que a natureza opera seu curso, o homem e a mulher não conseguem controlar seus sentimentos. É da sua substância. É a essência do ser humano que foi moldado pela natureza e não à imagem de um possível criador. A essência do humano é o que é. Humano, com todas as explosões de sentimentos que brotam de seu interior (alguém dirá da alma, mas podemos traduzir: da mente). O sentimento é a mais sublime manifestação do ser humano. Mas pode ser bom ou mau. O sentimento é o que é. Sem controle.

O controle, como mostrou Freud, em *Totem e tabu*, dá origem à civilização. Até então o homem vivia do sentimento da tribo. A morte do pai que origina o totem enseja a eterna luta e o eterno controle do homem pelo homem. Daí a absoluta razão de Hobbes ao afirmar que o homem é o lobo do homem. Nada mais correto. No descontrole de seus sentimentos, o homem busca assegurar-se de que não pode causar mal. Tal busca é gerada pelo sentimento de pactuação de uma corporação que lhe dará segurança. Tal sentimento nasce dos conflitos permanentes e das lutas tribais.

O homem, por seu instinto e força de seu raciocínio, chega à conclusão de que o eterno matar o outro não levará a lugar algum. Com seus sentimentos de amor pela mulher e pela prole, chega à conclusão de que tem que buscar um lugar ou associar-se com outros para se defender e buscar a pacificação dos clãs, das tribos e entre as tribos que se uniram.

O ESTADO   9 ⏮

Vem desta conclusão a origem do Estado, que surge por força de defesa. A segurança (posteriormente jurídica) é que vai originar a união de tribos que buscam algo em comum. Sem abrir mão de nada, como afirma Spinoza. O homem não firmou pacto algum renunciando a seus direitos. Não firmou acordo com outros para privar-se da sua liberdade. Ao contrário, a outros se juntou para garantir sua segurança e dos que com ele estavam. Não existiu o pacto romântico de um acordo e que em determinados momentos todos se sentaram ao redor de uma fogueira e negociaram um modo de viver em comunhão. Ao contrário, as tribos engalfinharam-se até que uma ganhou de outra, e sucessivamente foram se organizando.

O pacto romântico de comunhão de sentimentos não ocorreu, como pretenderam Hobbes e Locke. Com razão está Lênin, para quem o Estado nasce da dominação, ou seja, do predomínio de uma tribo em relação a outra que se submeteu. O *pactum societatis* deu origem ao *pactum subjectionis*. O pacto social foi imaginado por cientistas políticos do passado. Em realidade, tal pacto nunca ocorreu. O que houve, simplesmente, foi o nascimento do Estado por força de guerra de sujeição. O domínio do mais forte sobre o mais fraco. Pode ser que, originariamente, tribos de interesses comuns tenham concertado algum acordo, mas não de forma pacífica. Foi em decorrência de seus conflitos que resolveram pactuar-se, ou então a sujeição gerou afeição pelo dominante, à imagem da síndrome de Estocolmo.

Com o nascimento do Estado surge a necessidade de conformar comportamentos. Aqueles eflúvios sentimentais que eram gerados no interior dos homens necessitavam ser contidos. Toda efusão de comportamentos até então não desviantes, mas naturais, precisavam ser contidos para que surgissem regras de convivência comum que pudessem ser obedecidas por todos.

Nascia a *repressão;* isto é, a imperiosidade de que sentimentos fossem contidos para permitir a vida em comunhão. Diz Freud que a civilização nasce com a repressão (mal-estar na civilização). A horda precisa ser organizada. Os sentimentos, contidos. A explosão sexual tinha que ser repelida para que pudesse haver o respeito e a convivência comuns.

10
SOCIEDADE E SEXO

O mais sacrificado era o sexo, instinto natural que se revela de diversas maneiras em cada um. Diz-se que, na origem, os deuses do Olimpo haviam criado seres que eram redondos e tinham os dois sexos, podendo ser dois masculinos, dois femininos ou masculino e feminino em um só. Rebelaram-se contra os deuses e pretendiam ir ao Olimpo. Zeus, então, os teria repartido em dois, de forma que aquele que foi separado permanecesse em eterna busca da sua outra metade. O andrógino buscaria seu parceiro separado. O que era formado por dois seres do sexo masculino buscaria sua outra parte, o mesmo acontecendo com o de sexo feminino. Tal foi a versão de Aristófanes, em *O banquete*, de Platão. Daí o nascimento da homossexualidade.

Pode não ser assim que as coisas se passaram. No entanto, a natureza não pensou em separar os sexos de forma que só pudesse haver atração do masculino pelo feminino e vice-versa. A natureza, como já disse, é o que é. Daí ser absolutamente natural que um sexo procure sua parceria no mesmo sexo, não se podendo ver neste comportamento nenhuma anomalia. Nem perversão. Simplesmente a natureza é o que é.

As células, as moléculas e os átomos se juntam e interpenetram de forma caótica, dando surgimento a seres diferentes. Diferentes daquilo que a sociedade resolveu, no bojo dos pactos sociais, chamar de normalidade. Como a maioria dos viventes tem determinada forma – dois olhos, duas orelhas, dois olhos e uma boca –, tudo o que sai de tal critério ou de tal padrão é chamado anormal. Não há isso na natureza. Simplesmente as coisas se formam ou se conformam de tal maneira que há o ser diferente, mas não há o anormal, como se todos fôssemos normais. Não existe isto.

Nem há diferença no sexo. A busca é pelo amor. Pela alegria, como diz Spinoza. Não há o sexo certo que deve procurar o oposto. Simplesmente, na natureza, são dois sexos, o que não significa que devam se procurar reciprocamente. Cada qual tem seu caminho, podendo encontrar na vida ser do mesmo sexo que lhe agrade. O mundo não foi dividido assim. O sistema caótico, alterado dia a dia, não contém regras. As regras são impostas pela sociedade. A civilização é quem cria freios inibitórios para restringir comportamentos que, a seu ver, isto é, da maioria dominadora, são errados.

O certo e o errado não são naturais. Ambos nascem de convenções sociais. Os métodos que impõem a vida em comum é que criam o que é certo e o que é errado. Tanto é assim, que o evolver dos costumes significa que o que era certo antes já não é mais, e o que era antes errado agora passa a ser certo. É absolutamente garantido que as convenções sociais é que criam o comportamento humano e balizam sua conduta.

O natural é seguir o instinto. O formal, o social, é a repressão dos instintos em prol da convivência. Segue-se que os comportamentos significam uma questão de protocolo social. Nascem de acordos pactuados pela maioria da sociedade. O reprimido compõe a minoria. Como o negro no passado. Como as etnias repelidas. Como os judeus.

A sociedade impõe, pois, convênios, formalidades, protocolos, comportamentos que devem ser seguidos pela maioria, inclusive o sexual. O normal, diz a maioria, é que um sexo busque o outro, diverso. O anormal é o contrário. Mas, quem impôs tal regra? Não foi a natureza, mas o ser humano.

Vê-se, pois, que não só a *repressão* é social, como também a imposição da *moral*. Esta é, tipicamente, uma decorrência do comportamento social. É o *quod plerunque accidit*; isto é, o que normalmente acontece. Mas, normalmente para quem? Para a maioria que impõe seu comportamento dominante. Deflui, evidentemente, da evolução dos costumes que se vão sucedendo em determinado canto do mundo, em determinado país. Os costumes são tipicamente coisa de determinada sociedade.

Outrora, entre os corsários e piratas, o início do grumete era ser violentado sexualmente pelos mais antigos do navio. Na Roma antiga, era comum que homens públicos se envolvessem com jovens. Aquiles envolveu-se com Pátroclos. Grandes escritores do passado eram homossexuais. É famosa a relação de Rimbaud com Verlaine. Grandes cientistas não resistiram à tentação do mesmo sexo. A Igreja católica tem experimentado o sabor dos desmandos de seus integrantes pedófilos. Daí não se poder crucificar aquele que tem uma opção sexual diferente da nossa. A história da sexualidade foi contada por Michel Foucault de forma objetiva e sem preconceitos.

Nem se diga que tal comportamento tem resistência religiosa. O cristianismo é religião de perdão e de amor, não podendo crucificar quem quer que seja. A bondade, os sentimentos caritativos estão presentes em todas as pessoas, não se podendo repudiá-las porque têm um comportamento íntimo diferente do nosso.

Como já disse, o instinto é irresistível. As explosões sexuais nascem e brotam de dentro de cada um de nós, e, por vezes, são incontroláveis. Não raro, até pela castração dos instintos operada pela sociedade, temos o comportamento que acreditamos ser do nosso instinto, em sintonia com o que nos impôs a sociedade. No entanto, a regra admite exceções.

Muitos pensam que assim agindo estamos controlando o instinto pela razão. Por vezes o normal (que provém da natureza) é que um instinto ou um sentimento domina o outro e fá-lo vir ao mundo em lugar daquele que pretendemos ter sido dominado pela razão.

Não há, pois, como criticarmos ou cristianizarmos os outros pelo que sentimos ou pelos padrões éticos que nos são impostos pela sociedade.

O JOGO DO PODER E A DOMINAÇÃO

11

Cabe a pergunta: Quem impõe os comportamentos éticos à sociedade? Facilmente poderíamos responder, seguindo inúmeros autores (Eugène Enriquez, Freud, Foucault, Spinoza), que os sentimentos comuns, ou a moral média, nos são impostos pela classe dominante. Por que usarmos aqui um chavão marxista, classe dominante, se ainda não analisamos a dominação da sociedade? É porque, hoje, o que se denomina classe não tem a conotação precisa que lhe dava Marx. Classe, aqui, significa determinado segmento da sociedade que se apropriou do poder. Não se pensa também na oligarquia dominante. Não, classe não tem denominação específica e técnica. Classe é aquele agrupamento que, por processos democráticos ou não, se instalou no poder de determinado Estado.

A sociedade é uma guerra constante. É um permanente confronto de pessoas, categorias, ideologias, classes, estruturas sociais, religiosas ou de qualquer outra espécie que, por união com outras classes, passa a dominar determinado Estado. Max Weber estudou as estruturas sociais e os diversos fatores de dominação, o econômico, o ideológico ou o carismático. De qualquer forma, não importa quem se tenha apropriado dos meios de dominação, passa a sujeitar os demais, impondo então as regras de dominação. Bom exemplo é o romance *1984*, de Orwell, no qual se vê uma dominação total, que pode ocorrer pela repetição das regras e pelo controle efetivo sobre todos os comportamentos.

Por vezes, a dominação ocorre de forma violenta, como fizeram o fascismo, o nazismo, o franquismo, para ficar em exemplos mais recentes. Outras, se utiliza do que Pierre Bourdieu chama de violência simbólica. A dominação não se exerce então pela força ou pelo rigor com que os padrões de comportamento são exigidos, mas por meio de persuasão ou de códigos de conduta que buscam captar a vontade ou a simpatia do dominado. Este sente-se amparado pelo dominador e não se dá conta da violência que contra ele é cometida. Violência diária, seja por meio de imposições, como trabalho forçado, memorização de textos do líder, casamentos arranjados, sexo obrigatório; seja por meio de seduções, tais como trabalhe pelo bem comum, ame a pátria, seja solidário. Códigos que seduzem e fazem que se caminhe para determinadas soluções do agrado de todos.

Em algumas oportunidades, a defesa comum pode servir de intimidação ou de diálogo de sedução para captar a vontade do outro. A sujeição esboça-se como tranquila, por meio de frases repetidas (viva a revolução; pátria, família e deus; defenda seu solo) que despertem o sentimento de solidariedade ou de ódio ao estrangeiro (xenofobia).

O jogo do poder é perpétuo e atende a uma necessidade intrínseca do ser humano. Tudo, como se vê, encontra explicação na natureza. O caráter conflitual permanente no interior das pessoas faz que as pulsões se manifestem de diversas formas. Na hipótese do relacionamento público, os sentimentos se dirigem à coletividade. É o desejo de se impor aos outros. É a ânsia da humilhação de terceiros. É o incontrolável sentimento da sujeição. Por vezes, tais sentimentos mascaram o masoquismo, uma das vertentes da mente. Não da alma, mas da mente. Aquela não existe sem esta.

O jogo da dominação é permanente. Tanto quanto a vida não para, no incansável relacionamento entre os humanos e destes com o mundo, o ente, ao entrar em contato com outros, com eles pactua uma convivência amistosa, ou busca a subjugação. É natural. Na origem da civilização, o homem sozinho enfrentava apenas as intempéries. Ao associar-se e se vincular a uma mulher e ter filhos, passa a ter o sentimento coletivo. A própria relação familiar é um confronto permanente de imposição e sujeição. O homem busca dominar a mulher e vice-versa. É uma colisão diária de sedução. Sedução para sujeição. Por vezes, há a conquista disfarçada por força de astúcia. De ambos os lados. Neste passo, o jogo sexual pode servir de poderoso instrumento. Bom exemplo é dado pela comédia grega *Lisístrata*, de Aristófanes, em que as mulheres planejam e executam a guerra do sexo para impedir seus homens de prosseguirem a guerra.

A guerra tem início nos albores da civilização e repercute na tribo, na horda, nos clãs e, posteriormente, nas famílias e nas comunidades. Posteriormente, vê-se a grande guerra no permanente confronto de Estados. A história é farta em tais exemplos. Desde a Antiguidade clássica (Grécia e Roma), passando pela Idade Média nas conquistas de godos, visigodos, alamanos, francos e desembocando nas modernas civilizações e com a mundialização dos confrontos.

O mundo de hoje não é diferente. Basta atentarmos às guerras de conquista (por busca do petróleo) dos norte-americanos, dos russos sobre os países bálticos e dos que formavam a União Soviética, dos confrontos na América Latina, da conquista do leste asiático pelos norte-americanos e, mais recentemente, das invasões do Afeganistão e do Iraque.

O que se quer afirmar é que o jogo de confronto e de dominação é ínsito à história da civilização. Começa pelo conflito individual, passa pelo coletivo e termina no global.

É impressionante como devemos atentar à mente humana. Nela está refletido o mundo. É que a mente é da mesma natureza que a natureza. É substância igual. Por isso é que os sentimentos que defluem de nosso interior passam por ela. Normalmente, não nos damos conta disso. No entanto, a ação é o reflexo do sentimento. É decorrência dele.

A VIOLÊNCIA SIMBÓLICA

Assim o Estado reflete o sentimento coletivo. Não como soma totalizada dos sentimentos individuais. É o sentimento de alguém que logrou, por violência ou outro artifício, obter o comando das decisões. Impõe as decisões ou as toma em coletividade, com mera violência simbólica, pelo poder de persuasão para que as pessoas não se sintam violentadas por uma decisão impositiva. Ao contrário, a habilidade (pura expressão de sentimento) que decorre do conhecimento empírico dos sentimentos dos outros, taticamente utilizada, disfarça o comando emitido, fazendo crer aos outros que aquela é a sua própria vontade.

O que deveria ser uma imposição passa a ser visto como uma decisão da coletividade, embora esta nunca tenha debatido o assunto. A solução tomada então é adotada pela maioria como se fosse sua decisão. A ilusão, ou mesmo a aceitação passiva, que se torna ativa é de que o líder tem razão, e, daí em diante, este tem sempre razão, como se vê em Orwell (*A revolução dos bichos*). Aqueles que adquirem o poder passam a utilizá-lo como se a coletividade assim pretendesse. Não se antevê gesto de rebeldia. Nem de reação. Há uma imunização contra a solução apontada. A anestesia que se opera sobre a vontade de todos decorre da habilidade com que a solução lhes é apresentada.

Imediatamente a população, em sua inteireza, adota aquilo como se fosse sentença sua. Viu-se tal exemplo na propaganda nazista. A superioridade da raça ariana foi transmitida a todos como a coisa mais natural e "que era assim". Pessoas amigas dos judeus passaram a ver que os culpados dos males dos alemães eram os judeus, e a raça ariana, em sua pureza (Gobineau), era superior a todas. Os culpados eram os negros, judeus, homossexuais e ciganos. Todos foram tidos como responsáveis pelos males do mundo, e uma nova raça pura deveria imperar. Os alemães foram anestesiados para aceitar tais verdades.

Puro jogo de interpretação, que também faz parte da conquista e é poderoso instrumento utilizado por dominadores. Vê-se tal aspecto no jogo da interpretação jurídica em que duas correntes buscam a "verdade" sobre determinada controvérsia. A redação da lei, a comparação com valores, a incorporação de finalidades, tudo leva determinado segmento ideológico a ver a solução legal de determinada maneira; outros a verão de outro ângulo e chegarão a outra conclusão. Qual a certa e qual a errada? No Direito não existe tal solução. Ambas as interpretações são adequadas ou razoáveis para entendimento da matéria. O problema é o uso que os litigantes fazem para captar a atenção do órgão de decisão. Puro jogo de dominação para impor sua interpretação aos outros.

13
O JUDICIÁRIO NO JOGO POLÍTICO

Diga-se o mesmo do entendimento dos tribunais. A jurisprudência dominante é forte fator de sujeição de uma parte dos litigantes. Aquele que logrou convencer o juiz ou a turma julgadora passa a ser o vencedor e impõe sua vontade. Logrou captar a orientação do juiz ou dos juízes.

Por tais motivos é que o Judiciário é poderoso instrumento de dominação. Na medida em que decide os litígios e aplica a norma jurídica a casos concretos, está *mantendo a ordem* normativa, servindo, pois, de instrumento de dominação. É que a norma jurídica foi instituída por outras estruturas tão hábeis quanto a do Judiciário sobre o Legislativo. Ambos os poderes sujeitam-se ao que por trás deles está hipostasiado. Se não, vejamos. O Legislativo é integrado por pessoas de todas as raças, credos religiosos, segmentos sociais, empresariais, urbanos e rurais. A mescla de todas as pessoas dá origem a um amálgama de sentimentos diversos. Cada um dos parlamentares integra uma agremiação política. Nascem as composições políticas para o domínio da base governamental. Esta será o instrumento de imposição das políticas pretendidas pelo governo e pelos interesses que ele representa.

O PARLAMENTO

14

O Parlamento vive, pois, à mercê e a reboque daquilo que pretende o Executivo. Puro confronto entre os exercentes dos órgãos de exercício do poder. No interior do Legislativo instaura-se o confronto entre a base do governo e a oposição. Aquela, normalmente, é maior e impõe sua vontade, seja pela violência pura (votação imediata dos projetos, com pouca discussão, como um trator que a tudo derruba) ou pela violência simbólica, atendendo, aqui e acolá, alguma pretensão da oposição.

Resultado: As normas que de tal complexidade brotam e são postas em execução outra coisa não são senão fruto da dominação governamental. Não há efetivamente atendimento aos reais interesses da sociedade. Esta, após as eleições, fica à margem do processo decisório. A representação política também é uma forma de engodo. Resulta, em consequência, que as normas postas não são fruto dos grandes interesses da sociedade; defluem da violência efetiva (votação a qualquer custo) ou da violência simbólica em que os líderes da oposição são cativados por alguma complacência da situação, ou então de troca de favores jamais constatados nem vistos.

A norma que o Poder Judiciário aplicará, como se vê, decorre de tal processo legislativo na produção das leis. Não são os interesses maiores do Estado que serão atendidos, nem da sociedade. Apenas do governo. Este representa determinado segmento ou segmentos que se apoderaram do poder por processos espúrios ou democráticos, pouco importa. Em verdade, são os donos do poder.

O Judiciário pode efetuar o contraste da norma com a Constituição, norma maior que gera as demais, em sintonia com ela. Tendo compatibilidade vertical, aplica-se a norma. Qual? Aquela redigida pela maioria momentânea da Casa congressual que retrata outra coisa senão os interesses daquela maioria. Nem sempre os interesses de quem edita a norma representa o interesse da sociedade como um todo. No entanto, pela lógica de dominação e pela harmonia entre os poderes, não há como analisar a forma de elaboração das leis. Entende-se que há *interna corporis*, e por isso o Judiciário não pode se imiscuir na intimidade do Legislativo.

Resulta que, ao aplicar tais normas de tal modo vindas ao mundo jurídico, o Judiciário outra coisa não faz que servir de dócil instrumento de dominação daquela maioria eventual existente no parlamento.

Sobressai na sequência o que se rotula ativismo judicial, isto é, o Judiciário interferindo nas denominadas políticas públicas, consertando seus caminhos e apontando seus fins. Até que ponto, no entanto, cabe tal interferência e até que momento haverá substituição de um órgão de poder por outro, de forma a destruir o princípio da separação dos poderes? Este princípio, em verdade, com o nascimento de outros centros de emanação jurídica, já não é tão cristalino e puro como imaginado por Aristóteles e desenvolvido por Montesquieu. O fortalecimento do Tribunal de Contas, do Ministério Público e das denominadas agências reguladoras faz que o princípio da tripartição já não sobreviva em sua pureza originária. No entanto, ainda se pode falar em separação de funções ou de atribuições que devem ser exercidas por alguns órgãos que possuem dignidade constitucional.

Na lógica dos poderes e de seus órgãos exercentes das funções constitucionais prevalece o respeito e o controle mútuos. Um não invade a esfera jurídica do outro, respeitando seus limites e mantendo a imunidade de cada qual.

Tudo ocorre dentro da estrita lógica de dominação. Também da violência simbólica. Também das estratégias de exercício do poder.

A ESTRATÉGIA   15 ◂◂

Nem por outro motivo Foucault fala em estratégia. Inserto em cada órgão de poder ou em cada setor da sociedade há que se utilizar estratégias para obter o intento. Inicialmente secreto, isto é, de um apenas ou de apenas um grupo, arma-se o trabalho intelectual, que repercutirá na mídia, para captação da vontade do outro. Normalmente, a população está alienada do procedimento de conquista do poder. Está preocupada com sua própria subsistência ou com a preservação de sua família. Trabalha apenas para ter o alimento ou então conquista de posições sociais (compra de eletrodomésticos, ingestão de bebidas em bares, aliciamento por parte de bandos, vinculação a grupos armados ou de traficantes). Tudo faz parte da inserção na sociedade.

Marx a isto deu o nome, em sua teoria, de *lumpemproletariado*, ou seja, aqueles que não estão conscientes do processo de dominação. Nos pequenos domínios da sociedade, isto é, nos sindicatos, nas igrejas, nas associações de bairro ou nas demais associações, nos movimentos sociais organizados, nas ONGs, tudo isso resulta na participação política efetiva. A grande massa, no entanto, permanece alheia a todo o processo de conquista.

Daí a expressão "massa de manobra". Sempre há, em movimentos estudantis, os inflamados incentivadores de alguma reivindicação e há aqueles que viram as costas a tais manifestações. De qualquer forma, a solução tomada ou encontrada atingirá todos. No entanto, alguns se mantêm absolutamente alheios ao processo.

Por vezes, até o procedimento também reflete uma forma de dominação. Até mesmo o de representação de classes serve de instrumento para disfarçar a assunção de comportamentos aparentemente irrelevantes. Luhman explicou o problema em seu *A dominação pelo procedimento*. É um processo extremamente capcioso que envolve também artifícios e ardis de toda sorte para que a conclusão final seja resultado de um amplo debate; no entanto, as partes envolvidas e participantes do procedimento são apenas aqueles que o grupo dominante quer que seja.

Mesmo depois da conquista pela minoria dos procedimentos adotados pela maioria, essa minoria torna-se maioria e age de acordo com o mesmo procedimento para afastar concorrentes. Tal situação ficou muito clara no romance de Orwell: Os porcos passam a agir como humanos.

O ciclo é o mesmo. A dialética da contradição é absolutamente palpável. É preciso impor uma decisão a outra, que será suplantada por outra, e assim por diante. O procedimento pode ser manobrado, tanto quanto as contradições, deixando margem a que uma solução a outra suceda de parte absolutamente contrária, mas obedecendo a mesma lógica.

A tomada de decisão é fruto de uma série de circunstâncias absolutamente imponderáveis. Podemos levar em conta determinadas situações que normalmente acontecem. Haverá então uma lógica de sucessão de fatos. Ocorre que os fatos são caóticos, como se viu, dentro de uma ordem. Ao mesmo tempo em que há a ordem há o caos. As denominadas leis da natureza ocorrem dentro de determinadas circunstâncias científicas que dão margem aos mesmos resultados. No entanto, sempre há o imprevisível.

16

O UNIVERSO
E A ORDEM

O **universo é, pois,** um caos que obedece a determinadas leis. Não há nascimento com data marcada. Simplesmente era o caos, e o caos continua, sem que qualquer inteligência superior dê ordenamento a tudo isso. É impossível, cientificamente e por força da natureza, que exista uma força externa a tudo isso que consiga dominar os elementos da natureza.

Aceitamos, pois, a tese de que o mundo é o mundo, tal como ele é, sem qualquer interferência transcendente. O universo é imanente. É ele, por si. Cada parte dele é sua própria substância. Os seres humanos resultam de longa evolução que pode ser contada por bilhões de anos e que sua tomada de consciência passou a ocorrer em determinado momento da evolução.

Os trilhões de átomos, células e moléculas que circulam livremente pelo universo vão se dispersando pelos fenômenos naturais e se incorporando (*in corpore*) a outros seres, humanos ou não. Ao longo dos tempos vão dar origem a outros seres iguais ou não à nossa imagem. Tanto aqui, na terra, como em qualquer parte do universo. Forte a possibilidade da existência de outros seres em outros planetas. A galáxia é infinita e infinitas são as possibilidades de vida humana ou animal. Outros mundos podem existir, extraterrestres, com figuras diferentes. Não se afirma que existam, mas sim que podem existir, de formas diversas ou iguais à nossa.

Que pretensão a nossa sermos os únicos no universo! Pode haver milhões de seres diversos e diversificados, das mais diversas formas e estruturas. Manterão ou não contato conosco? Dependerá da evolução, palavra mágica que explica o universo.

Como se pode ter tal visão do mundo? Simplesmente pela observação (conhecimento empírico muito bem visto por David Hume) dos fatos. Aliada, sem dúvida, a um raciocínio pleno de curiosidade.

Daí a maravilha da nossa existência. Você já pensou em integrar um universo quantitativamente ilimitado e qualitativamente inexaurível de seres, plantas e animais, todos convivendo na mais absoluta harmonia? O fantástico da vida é exatamente a integração da nossa existência no todo que vemos, ouvimos e sentimos.

Nossos sentimentos e sentidos não advêm da graça divina em nenhum momento. Simplesmente decorrem da maravilha da evolução. Olhar o céu e nos sentirmos como participantes de tal milagre, não um milagre praticado por alguém. Mas milagre da natureza. O milagre da existência. O milagre da vida. O milagre de pertencermos a um universo ilimitado.

AS DOENÇAS

17

Tal visão pode explicar o aparecimento de uma série de doenças até então desconhecidas. É que o mundo, sendo um só, ilimitado e infinito, tem seus contatos, através do vento ou de outras causas que ainda não conhecemos, quais sejam, seres existentes em outros mundos que têm também seus problemas. Tais pós e/ou moléculas vão sendo jogados ao mundo e transportados para outros. O que até então não se conhecia pode causar um mal. Podemos entender isso como advindo de uma causa local, terrestre, mas também admitir que venha de algum lugar do mundo desconhecido. As partículas se movimentam, seja por ato próprio, seja levadas pelo mundo.

Nem a genética eventualmente explica alguns males que de repente nascem em determinada família que não tem histórico deles. É que alguma partícula de outros seres incorpora-se a outro, deformando a pele ou melhorando-a. Nem a genética, por vezes, por mais avançada que seja, pode ter explicações para tais fatos.

Não estamos desenvolvendo uma nova teoria científica. Ao contrário, estamos fazendo um esforço de entendimento de todo o universo.

Incompreensível como populações inteiras foram dizimadas. Como os animais da Antiguidade desapareceram sem deixar vestígio. Como populações desenvolvidas perderam seus conhecimentos. Como plantas nascem e desaparecem. Qual o mistério da vida? Para nós, parece que a explicação natural é a única possível.

Deo sive natura, disse Spinoza, e por isso foi anatematizado por sua própria congregação judaica. No entanto, acredito que o filósofo viu como ninguém os segredos da natureza. Deus é a própria natureza. Por isso foi dito que Spinoza era panteísta. Não creio. Em verdade, a leitura mais atenta do seu texto, em especial sua *Ética*, dá a entender que sua filosofia vai muito além deste mundo. Não para o sobrenatural, mas para toda a galáxia. O Deus de Spinoza é o Deus do mundo. Não como ente, mas como substância.

RELIGIÃO. ORIGEM

Um dos pontos essenciais para nosso conhecimento das coisas, dos seres humanos e do mundo é compreender os sentimentos mais profundos do nosso ser. O homem se reconhece como tendo um corpo (matéria), uma *alma*. O primeiro é facilmente perceptível. A segunda, uma incógnita.

Platão, na discussão entre Cebes e Sócrates, afirmou

> [...] as pessoas supõem que quando a alma abandona o corpo não existe mais em lugar algum e que no dia em que o indivíduo morre é destruída e dissolvida; que logo que deixa o corpo e se dissocia dele ela se dispersa como sopro ou fumaça, esvai-se e não é mais algo em lugar algum.[1]

---

1 PLATÃO. *Fédon*. São Paulo: Edipro, 2008, 70 a. (Diálogos Socráticos).

E Cebes, contestando Sócrates, acrescenta: "Talvez sejam necessários muitos argumentos e demonstrações para mostrar que, uma vez que um ser humano esteja morto, a alma continue existindo e retenha poder e inteligência"[2] (70 b). Sócrates, então, examina se as "almas dos seres humanos falecidos estão no mundo subterrâneo ou não"[3] (70 d), e conclui:

> Segundo uma antiga explicação, da qual nos recordamos, elas partem daqui para lá e aqui retornam novamente, nascendo dos mortos. Ora, se isso é verdade, se os vivos nascem novamente dos mortos, nossas almas existiriam lá, não existiriam? Afinal não poderiam renascer se não existissem.[4]

Utilizando-se da *tese dos contrários*, Platão busca demonstrar a existência das almas. Conclui que os vivos são gerados a partir dos mortos "tal como estes a partir dos vivos; e visto ser assim, parece-me que dispomos de uma suficiente prova de que as almas dos mortos necessariamente existem em algum lugar, de onde retornam à vida".[5] (72 a).

O materialismo antigo, representado por Epicuro, nega tal possibilidade e afirma que

> [...] a alma é corpórea, composta de partículas sutis, difusa por toda a estrutura corporal, muito semelhante a um sopro que contenha uma mistura de calor, semelhante um pouco a

---

2 PLATÃO, 2008, 70 b.
3 *Ibidem*, 70 d.
4 *Ibidem*, 70 d.
5 *Ibidem*, 72 a.

um e um pouco a outro, e também diferente deles pela sutileza das partículas, e também por este lado capaz de sentir-se mais em harmonia com o resto do organismo.[6]

Lucrécio não diverge. Distingue *alma* e *espírito*. O espírito é o pensamento. A alma está disseminada no corpo, e conclui: "Este mesmo raciocínio demonstra que é corpórea a natureza do espírito e da alma".[7]

Por aí bem se vê que há uma discussão eterna sobre a existência da alma como entidade destacada do corpo e destinada não apenas a movê-lo como também a ter uma existência espiritual num mundo transcendente.

Haveria dois mundos? Um *imanente*, terráqueo, humano, ser vivente entre outros viventes, sensível e corporal, e outro, *transcendente*, habitado por Deus ou pelos deuses, a quem prestamos reverência, adoração e respeito e temos nossas vidas ditadas por eles, não apenas em termos religiosos, mas também éticos?

18.1. OS DOIS MUNDOS DA RELIGIÃO

Vivemos aqui, no mundo terreno. Deus ou os deuses, em outro universo, transcendente, inatingível, das ideias ou das formas, à maneira platônica. Para que esse outro mundo exista é imprescindível que os seres humanos nele creiam. É necessária a existência de um Deus ou de deuses que pululem nossa imaginação.

Interessante observação é a de visitarmos cavernas em que pinturas rupestres existem e retratam seres naturais ou espirituais. Retra-

---

6 EPICURO. *Antologia de textos*. São Paulo: Abril, 1980, p. 16. (Coleção Os Pensadores).
7 LUCRÉCIO. *Os pensadores*. São Paulo: Abril, 1980, p. 65, item 162.

tariam pessoas de outro mundo? Há um conhecimento religioso intuitivo? Teriam os antigos imaginado uma alma separada do corpo?

As respostas não são nada fáceis e dependem basicamente da nossa aceitação de um mundo do além.

Na hipótese do materialismo, se a alma é apenas matéria e está conectada com o corpo, dele fazendo parte, parece não haver dúvida de que, com a morte, tudo se dissolve (*mors omnia solvit*). Termina não só a vida física, mas também a espiritual. Para Epicuro e, posteriormente, Lucrécio, nada existe. Por isso Hamlet afirmou: "O resto é silêncio".

Apenas podemos discutir a religião na hipótese de aceitação do mundo transcendente.

De onde teria então surgido a religião? Qual sua origem? Como nasceu?

As teorias são as mais diversas. O *animismo* – atribuição de um espírito ou alma a todos os objetos humanos ou não – é o início da expressão humana espiritual. A mente ainda empírica dos primitivos leva a atribuir uma expressão anímica aos fenômenos da natureza e à própria natureza. Ainda não é o *panteísmo*, mas o surgimento de expressões de vida no mundo.

Neste sentido, a *antropofagia* tem um significado religioso. Comer o outro é assimilar seu ser (ainda impreciso e indefinido). É *in-corporar* (assim mesmo) o outro, fazendo que o morto passe a fazer parte do vivo.

Nas pinturas rupestres, os teóricos visualizam não a representação da natureza existente, nem dos animais pintados, mas onde imaginam um mundo existente além deles próprios.

Teoria dos sonhos. Uma das teorias que buscam entender a origem das religiões calca-se na suposição de que os primitivos sonhavam e viam a representação de outro mundo (Edward Burnett

Tylor). Encontravam pessoas com quem tinham convivido (pensavam-nos vivos em outro lugar = outro mundo). Assim deve ter começado a religião, segundo tal teoria.

Teoria dos encontros com a natureza. Quando o ser humano vê a natureza, percebe que um outro ser a teria feito. Árvores gigantescas, águas cristalinas, animais, lua, chuva, céu, tudo é surpresa. Alguém deve ter feito tudo isso (Max Müller).

É o que Robert Marett denominou *supernaturalismo*, ou seja, a atitude dominada pela admiração do misterioso. Há um ser misterioso que liberado do corpo se torna espírito.

O que importa notar é que há uma busca de explicação do que não se conhece. Há questões que o ser humano não consegue responder e, assim, busca uma explicação sobrenatural.

A teoria de Émile Durkheim. O autor afirma que a religião surge para a procura de explicação sobre o mistério da existência. É uma questão *social*. A origem dos impulsos religiosos tem nexo com a consciência coletiva. O sagrado apenas tem importância na medida em que é útil. É uma das formas pelas quais o indivíduo age na sociedade.

A coesão social obriga os homens a se reunirem em torno de um conjunto de símbolos, rituais, noções de parentesco etc. O fundamento é apenas social.

Sigmund Freud, Carl Jung e *David Hume*. Os psicanalistas asseveram que a religião nasce da necessidade de o homem justificar seu desamparo (*O futuro de uma ilusão*). David Hume garante que a religião surge do "medo ansioso".

René Girard vê na origem religiosa a mitigação da violência concentrada no ritual do sacrifício – o bode expiatório (*A violência e o sagrado*).

Karl Marx e Ludwig Feuerbach afirmam que é um falso sentimento e instrumento de dominação de uma classe. Daí ser "o ópio do povo".

Em verdade, a religião, antes de ser um instrumento de conforto, é fonte de angústia.

A religião como fenômeno neurológico. A ciência cognitiva da religião vem afirmando que a religião brota de um fenômeno neurológico. Anota Reza Aslan que todo impulso "é gerado por reações eletroquímicas complexas no cérebro".[8]

O retorno à origem. De onde vem a ideia de alma? Não há resposta positiva.

> Na verdade, a teoria cognitiva da religião está correta, foi a crença na alma que levou à crença em Deus. A origem do impulso religioso, em outras palavras, não está enraizada em nossa busca de significado ou em nosso medo do desconhecido. Não nasce de nossas reações involuntárias diante do mundo natural. Não é uma consequência acidental do funcionamento complexo de nossos cérebros. Ela é resultado de algo muito mais primitivo e difícil de explicar: nossa crença arraigada, intuitiva e inteiramente sensitiva de que somos, o que quer que sejamos além disso, almas encarnadas.[9]

H.A.D.D. – Dispositivo hipersensível de detecção de agente é o nosso dispositivo de sensibilidade que nos possibilita humanizar qualquer fenômeno. Assim, Deus é feito à nossa imagem ou nós somos feitos à sua imagem. Personalizamos e humanizamos Deus e os deuses.

---

8 ASLAN, Reza. *Deus*. São Paulo: Zahar, 2018, p. 46.
9 *Ibidem*, p. 53.

Como apenas nos conhecemos, pretendemos que os seres divinos ou extraterrestres tenham nossa imagem e nossos sentimentos. Os deuses se alimentam (conforme a ambrosia e néctar na mitologia grega, tanto que Ganimedes foi sequestrado por Zeus para ser o garçom divino), usam roupas, têm relações sexuais (Zeus foi poderoso amante, Apolo encantava divindades e seres humanos, Ares seduziu Afrodite, mulher de Hefesto, deus do além), têm ciúmes, ódio e sentem como humanos.

A evolução como instrumento do conhecimento dos deuses. A caça, recurso originário para alimentação, obriga o homem a dominar o espaço. Saber onde encontrar a caça era obrigação do caçador. Na medida em que o homem nômade se torna sedentário, obriga-se a dominar o tempo. Tinha que saber o ciclo das chuvas e o período de plantio e colheita.

Começam a surgir os primeiros conglomerados humanos e, assim, a necessidade de disciplinar o uso do espaço público, bem como adotar restrições aos comportamentos. A agricultura e o desenvolvimento de objetos para seu aprimoramento tornaram-se essenciais. Surgem problemas de deficiências vitamínicas porque o ser humano passa a consumir grãos ao invés de carne. Os dentes pioraram.

Adoração de ídolos. A adoração do divino começa pela crença no transcendente, isto é, na existência de uma vida após a morte. O mundo do além seria dirigido por Deus ou por deuses. Para simbolizá-los os homens lançam mão de ídolos, ou seja, o sacerdote levava ao conhecimento do povo que um objeto *simbolizava o deus*. Não era o objeto que devia ser adorado, mas o espírito que nele morava.

Logo, quando os cristãos católicos ou os gregos adoram imagens ou ícones, não estão reverenciando o objeto que os representa, mas o espírito encarnado neles. É a aparência física do divino na terra.

Da mesma forma que se acredita que Deus nos fez à sua imagem e que tem emoções humanas (o Deus de Israel é um Deus vingativo e punitivo), o objeto que o representa tem nele sua *encarnação*.

Quando um deus indiano é representado com uma série de braços e pernas não significa que tenha fisicamente tais características, mas que possui mais braços ou mais pernas para desenvolver melhores e maiores trabalhos para os humanos. Quando tem mais olhos significa que busca olhar melhor por seus crentes. Não é o caso do Argos grego, que tinha olhos para vigiar. Mas a caricatura e os excessos da representação dos deuses significam que eles nos querem mais e, pela quantidade de membros, buscam maior proteção para todos.

A representação dos deuses incorporados em animais significa que propiciam maior prosperidade. A vaca, por exemplo, é a nutriente de todos. O leão identifica com a força. A coruja com a sabedoria. A águia com a esperteza e a força. O chacal representava o deus do Além porque era o devorador de cadáveres.

Quanto mais a representação identificava as forças da natureza, mais havia a identificação com os deuses dos antepassados que eram animistas.

A representação dos deuses como semelhantes aos humanos, a antropomorfia, revela, como escreveu Xenófanes de Colofon: "Se cavalos, bois ou leões tivessem mãos, os cavalos desenhariam as figuras dos deuses como cavalos, e os bois como bois".[10]

Politeísmo e monoteísmo. Na origem, as populações primitivas acreditavam em muitos deuses. Cada qual correspondia a um fenômeno. O sol era adorado, tanto quanto a lua, os trovões, a chuva etc. Cada qual tinha um nome e era respeitado e adorado.

---

10 "Sátiras". *Pré-Socráticos*. São Paulo: Abril, 1978, p. 64 (Coleção Os Pensadores).

A primeira tentativa de introdução do *monoteísmo* de que se tem notícia ocorreu no Egito por volta de 1533 a.C. com a assunção do Faraó Amenhotep IV. Mudou seu nome para Akhenaton (Amon-Rá está satisfeito), pois tinha havido a fusão dos deuses Amon e Rá. Mudou a cidade-sede do seu reinado fundando outra (hoje Amarna) e, inspirado no Sol, instituiu o monoteísmo. Aboliu a crença em todos os demais deuses e destruiu todas as estátuas de veneração dos deuses antigos.

Os sacerdotes, classe dominadora e afastada, buscou a derrota do faraó, o que ocorreu. Acreditava Akhenaton em apenas um deus. Isto despertou a ira dos sacerdotes, que o eliminaram.

Nova tentativa de introdução do *monoteísmo* ocorreu no Irã com Zaratustra (perto de 1100 a.C.). Pertencia à classe sacerdotal, abandonou suas obrigações e vagou por estepes e vales. Foi envolvido por uma luz branca quando se banhava e garantiu a existência de um Deus único – Ahura Mazda. Surgia assim o profeta que trouxe a revelação do deus único. Havia o dilema da existência do mal. Afirmou-se que o mal não fora criado por Ahura Mazda, que apenas criou o bem, mas este não pode existir sem o mal, que é seu extremo oposto. Mas deve ser dominado. Cosmologicamente, a situação era dual. Religiosamente, um único deus.

Há uma distinção entre *monolatria* – culto de um único deus (admitindo a existência de outros) – e *monoteísmo* (a existência de um só Deus).

Zaratustra criou o julgamento depois da morte, em que seriam sopesados os atos bons e maus que cada um teria praticado. Os antigos deuses politeístas foram transformados em anjos ou demônios.

O henoteísmo significa a crença em apenas um deus acima de todos os demais. Surge também o *politicomorfismo*, ou seja, a divinização da política terrena. À época, a mitologia mencionava que houve um confronto entre forças do mal e do bem. Marduk afirmou que livraria os humanos de todos os males e derrotaria as forças do mal se o fizessem rei único. Houve concordância, e Marduk cumpriu sua promessa. Tornou-se rei único.

O judaísmo. No início, Deus se chamava EL. Depois, foi incorporado em Javé, tal como está ao longo do Pentateuco (que segundo consta teria sido escrito por Moisés, mas não há sequer comprovação de que ele tenha existido). A Torá narra a história dos judeus. Não há comprovação histórica de que os judeus tenham sido aprisionados no Egito.[11]

O Pentateuco contém lendas e histórias mescladas e provém de diversas fontes: javista, eloísta, sacerdotal e deuteronomista. Israel significa *El persevera*. O povo judeu não era monoteísta. Há muitos deuses em sua origem (Deuteronômio, 32:8-9); Javé assume características femininas (Isaías, 42:14 e 46:3). No Êxodo há diversos deuses (15:11). Javé só depois se impõe.

Na sucessão há o *logos*, a razão. A noção de Deus-homem não era desconhecida entre os romanos (os césares assim se rotulavam, o mesmo tendo feito Alexandre Magno no Império Macedônico). Houve uma corrente que sustentava a existência de um único Deus que estava em Jesus (Paulo de Samósata, 200 a.C.).

Marcião diz que os deuses são dois. Um era o Deus cruento e odioso que matava e mandava matar, e outro era Jesus, Deus encarnado.

Diocleciano ordenou a matança dos cristãos, mas foi sucedido por Constantino que viu a cruz (*in hoc signo vinces*) e se converteu. Realizou o Concílio de Niceia, tendo feito todas as reformas que desejava.

---

11 Cf. ASLAN, 2018, p. 110.

Agostinho, bispo de Hipona (354-430 a.C.) foi quem entendeu que Deus é uno, mas tem três formas – Pai, Filho e Espírito Santo. A trindade passa a prevalecer, gozando da mesma *substância*.

O islamismo. No século VI d.C. surge Mohammad Ibn Abdallah Ibn Abdullah Muttalib Sashin. Maomé que se casa com Kadija, enriquece nos negócios e passa a receber mensagens, transformadas no Corão. O Deus é único – Allah. Identifica Allah com Javé e que todos os profetas anteriores são profetas, nada mais, mesmo Jesus. Aceita a virgindade de Maria. Confirma as escrituras anteriores. Garante o *tawhid*, ou seja, a unificação. Deus é uno. Rejeita ídolos porque não há imagens de Allah.

O sufismo. Há um poeta sufista do amor, Jalal ad-Din Rumi, e seu amigo e mentor espiritual Shams-i Tabrizi. Pregam a unidade de Deus. Só que não há um deus espiritual. Deus é um e, portanto, deve ser tudo. Se é indivisível, todos os seres e todos os seres são Deus. O mundo é deus, pedras, animais e seres humanos. Deus é tudo que existe.

Mito, religião e filosofia. O fundamento é o mesmo. O *mito* "é uma realidade cultural extremamente complexa, que pode ser abordada e interpretada através de perspectivas múltiplas e complementares".[12] O mito conta uma história sagrada. "Ele relata um acontecimento ocorrido no tempo primordial, o tempo fabuloso do 'princípio'".[13] O mito busca uma interpretação da realidade para explicar o incognoscível. O ser humano abisma-se com a complexidade da vida, da natureza e do mundo, e busca uma explicação possível para compreender os segredos, entender a origem do mundo, dos animais, das plantas e do homem.

---

12 ELIADE, Mircea. *Mito e realidade*. São Paulo: Perspectiva, 2000, p. 11.
13 *Ibidem*, p. 11.

Diz Marilena Chauí que o mito "é uma fala, um relato ou uma narrativa cujo tema principal é a origem".[14] A religião vem do latim *re ligare* (unir, vincular). Ligar o quê? O mundo sagrado e o profano. Já não é procurar explicação para os fenômenos, mas aceitar a existência da alma e do *mundo sagrado* ou transcendente.

Esclarece Marilena Chauí: "O *logos* busca a coerência, construindo conceitualmente seu objeto, enquanto o *mythos* fabrica seu objeto pela reunião e composição de restos díspares e disparatados do mundo existente, dando-lhes unidade num novo sistema explicativo, no qual adquirem significado simbólico".[15]

O *mito* é uma verdade explicativa da origem de alguma coisa e busca compreender o mundo. A *religião* conecta o mundo sagrado e o profano. O ser humano procura encontrar conforto na abstração e na espiritualidade. A *filosofia* busca compreender, pelo conhecimento, as coisas do mundo.

Conclusões. O homem tende a buscar um Deus externo. Alguém (ou alguma coisa) que está em outro mundo. Extraterreno. Transcendente. Acima de tudo.

É uma busca infrutífera. Simplesmente não existe um deus. O homem cria deus. À sua imagem. Antropomorfa sua imagem. Imagina deuses iguais a si. Foi o que sucedeu na Grécia e em Roma. Ali os deuses eram seres iguais aos homens que viviam num lugar inalcançável. Mas conviviam com eles e interferiam em sua vida.

Na Idade Média a Igreja foi terrivelmente drástica e se utilizou de todos os recursos para manter a fé em um deus odioso e punitivo. O Iluminismo quebrou um pouco da fé, embora ainda subsistis-

---

14 CHAUÍ, Marilena. *Convite à filosofia*. 12. ed. São Paulo: Ática, 1994, p. 310.
15 CHAUÍ, 1994, p. 311.

se. Posteriormente, o cristianismo se dividiu, formando diversas seitas. Com o surgimento do islamismo, três passaram a ser os defensores do monoteísmo. Os judeus veem sua Igreja mais como uma reunião de ideias e de defesa contra agressões que sofreram ao longo da história (Holocausto). O cristianismo com sua pregação de amor. O islamismo possui diversas interpretações e tem sido utilizado para justificar o terrorismo político-religioso.

Enfim, o que resta das religiões? Nada. Pensamentos esparsos, fé diluída, prevalência do aspecto social sobre o religioso. As religiões se pulverizam, viram o ópio do povo, no dizer de Marx. Em verdade, é poderoso instrumento de controle social e de dominação sobre os crentes.

Muitos imaginam, não só na Antiguidade, mas também hoje, que os sacerdotes (rabinos, aiatolás, padres etc.) possuem o conhecimento e a exclusividade do diálogo com o divino. Logo, detêm força invejável.

Em diversas civilizações já extintas, o poder se encontrava nos sacerdotes, porque detinham o poder de conversar com a divindade. Previam chuvas (porque tinham conhecimentos específicos de astrologia), nevascas, transformações climáticas, sabiam a época do plantio; enfim, eram poderosos porque recebiam mensagens do outro mundo. Dialogavam com o divino, tinham a força do transcendente.

Hoje, há um conflito permanente entre crentes e ateus. A maioria é daqueles, sem dúvida, que são explorados com o pagamento do dízimo e contribuições para manutenção de luxo dos integrantes das igrejas.

A prática confessional dá aos sacerdotes o poder de obter diversas informações importantes. O aparato de riqueza impõe distância das populações carentes. O pobre tem medo de se aproximar dos sacerdotes porque não tem conhecimento para dialogar com eles. O luxo em que vivem os representantes da divindade na terra é alarmante, e nada desprezíveis os verdadeiros tesouros que possuem em prédios, obras de arte e educação primorosa. A vida dos religiosos é distante das comunidades e deve ser mantida distante dos olhos comuns, porque, assim, mantém a crença de que são pessoas privilegiadas, não só por terem cultura maior, mas também por se manterem distantes.

A Igreja católica mantém seu aparato burocrático e sua riqueza. Tesouros sem fim ornamentam igrejas em todo o mundo. Delas não abrem mão. Mas nunca se compararam com os lírios do campo dos quais nem Salomão, em toda sua glória, pôde se aproximar. Todos os ensinamentos do jovem de Nazaré são desprezados. O voto de pobreza é desprezado. Os pescadores de almas viraram pescadores de riquezas.

Dostoiévski viu muito bem o problema e o retratou no tema do Grande Inquisidor no romance *Irmãos Karamazov*, em que imagina o retorno do Cristo à terra e o Inquisidor o prende e manda que desapareça, matando-o, para que não estrague nem destrua toda a aplicação dos ensinamentos de Cristo. O texto é notável e fala por si só.

Se não há Deus, o que temos em seu lugar? Em verdade, as pessoas creem em sua existência. Ninguém consegue dizer o que seja. Quem mais se aproximou de uma explicação plausível foi Aristóteles (*Metafísica*). Só que em seu texto o filósofo explica o cosmo, e não religião.

Em verdade as pessoas precisam do divino. Como são "jogadas" no mundo, no dizer de Heidegger, surge o desespero (Kierkegaard) ou a náusea (Sartre) ao se sentirem sós no mundo. O homem precisa de uma muleta afetiva. Quando se sente só precisa do divino.

É aqui que o problema se manifesta mais claramente. Quando não se consegue raciocinar, quando não se consegue compreender os fenômenos físicos, resta o estribo da fé, que é imponderável. Inexplicável. Simplesmente crença.

Não se pode extirpar a esperança da mente das pessoas, pois dela precisam. Têm que acreditar em alguma coisa, sob pena de o mundo se tornar sórdido. Saber que nascem para morrer. Nada mais. Têm que se alimentar, reproduzir, estudar, ganhar a vida, tornar-se importantes, ocupar cargos públicos relevantes... Para quê? Para morrer.

O raciocínio cru é duro. Daí o surgimento da fé. As pessoas têm que se apegar a alguma coisa. À família, ao relacionamento social, a festas, à consagração de relacionamentos, a sentir-se importantes. Tudo para quê? Para a morte.

Daí a crença em uma outra vida. Daí a expectativa de se encontrar do outro lado com parentes, pais, filhos, amigos, que então se congraçariam. Como nunca ninguém retornou (*lasciate ogni speranza voi ch'entrate,* como disse Dante Alighieri), o mundo do Além é o incognoscível. É o desconhecido. Mas a fé supre o medo.

A fé é, pois, o mais poderoso instrumento do crente para se manter vivo e acreditar na vida, sempre na expectativa de um outro mundo melhor. É isso, e apenas isso, que mantém os seres humanos vivos. O indiano vive na expectativa da reencarnação. O islamita busca a vida do outro lado, na crença de ser recebido por Allah e pelas virgens prometidas (embora as mulheres não tenham a mesma prerrogativa); o cristão aguarda uma vida melhor ao lado de anjos e santos e, com certeza, todos irão para o paraíso. O budista tenta alcançar o nirvana pela realização do seu comportamento terreno e dominação dos instintos. O judeu acredita que se reencontrará com Deus (Adonai, Javé) e terá vida melhor, na qual não haja preconceito.

Ao lado das desigualdades naturais, como disse Rousseau, existem as desigualdades sociais criadas pelo ser humano. Aí cada um aproveita como pode o acesso social. A busca da boa vida, da vida feliz, é uma constante do ser humano. Freud disse, com propriedade, que vivemos em busca do prazer e evitamos a dor. Só que a maioria imensa da população não consegue. Vive na penúria, em tugúrios, em casebres sem água e sem infraestrutura urbana, em pocilgas, não tendo acesso aos bens básicos da vida.

Somente a fé cega mantém viva a religião.

O cosmo é gigantesco. Bilhões de estrelas, cometas, sóis, luas, galáxias etc. Tudo tem existência de bilhões de anos-luz. Como crer que isso foi feito por alguém? O mundo é o mundo. Está aí. É o desconhecido. É o que nos amedronta.

Ocorre que, se cremos que somos apenas matéria que se desfará em pó e que não há uma alma separada do corpo, resta-nos a possibilidade de viver bem e em paz, talvez sob o regime budista, procurando o bem-estar, mas sem o controle das emoções. Estas são inatas e, assim, devemos vivê-las intensamente.

A vida nos foi dada em uma noite de sexo. Eis a origem do mundo (na tela de Courbet que se encontra no Museu de Orsay). Um espermatozoide uniu-se a um óvulo. Germinou-o. Nascemos... para morrer. É a fatalidade da vida.

A religião é poderoso ópio que alimenta as ilusões da maioria. As pessoas vivem permanentemente na esperança de um novo mundo onde as coisas serão melhores. É uma ilusão, como disse Freud. Mas isto nos anima e nos mantém vivos. Crentes de que as coisas podem melhorar.

A política é pródiga em alimentar os homens com promessas de vida melhor. Inúmeras propostas são feitas para diminuição das desigualdades sociais, da fome no mundo, amparo aos desfavorecidos, proteção dos vulneráveis. Só promessas.

A religião, neste passo, é poderoso instrumento de contenção da fúria na sociedade. Há um rumor de angústia que cresce a todo instante, mas seja a religião, sejam as promessas políticas, têm o poder de desarmar os espíritos. Assim, por tais caminhos prossegue a dominação. A religião anestesia os sentimentos e embota a razão.

Ateu ou agnóstico? Tanto faz. Um não aceita a existência de um deus; o outro duvida. O resultado é o mesmo. Pelo menos não há fé. Não há esperança. A matéria toda conta. A matéria movimenta o mundo. A alma é matéria anexada ao corpo. Uma só coisa. Sem fé e sem religião.

18.2. A RELIGIÃO SEGUNDO MAX WEBER

Um dos maiores nomes a tratar das religiões foi Max Weber. Buscou a ética na religião. Aludiu ao *ressentimento* de Nietzsche, que considera a glorificação moral da piedade como uma *revolta de escravos*. Surge daí um confronto: A religião nasce de um povo pobre ou dos ricos?

No meio do povo nasce alguém com alguma perspicácia superior à de todos. Começa a perceber o movimento dos astros, a produção agrícola, a previsão das chuvas e de outros fenômenos naturais. Adquire, assim, uma *ciência* que os outros não têm. Logo, passa a ser um ponto de referência de informações e previsões. No mais das vezes, acerta e passa a ter prestígio junto à comunidade. De igual maneira, começa a testar ervas e logra obter algum conhecimento para mitigar sofrimentos, dores, mal-estares, tonturas e outros males. Passa a ser um *mágico*.

Diz Weber que "o prestígio dos mágicos particulares, e dos espíritos ou divindades em cujos nomes eles realizavam seus milagres, angariou-lhes proteção, a despeito de sua filiação local ou tribal".[16]

---

16 WEBER, Max. *Ensaios de sociologia*. Rio de Janeiro: Zahar, 1979, p. 315.

Mágicos e sacerdotes passaram a ter a função de minorar sofrimentos e orientar as pessoas. Afirma Weber que "os oprimidos ou pelo menos os ameaçados por uma desgraça, necessitavam de um redentor e profeta".[17] Uma religião profética que tinha como objeto as camadas sociais menos abastadas.

Intelectuais tentaram o racionalismo para compreender a religião. A gnose deveria recair sobre o cosmo. Apenas ele nos fornece uma explicação racional.

18.3. A RELIGIOSIDADE

Devemos, no mundo ocidental, a Platão a visão transcendental do mundo. O capítulo sétimo de *A República* e a alegoria da caverna dão bem a ideia de um mundo transcendente. O mundo real é ilusão. O que vale é o mundo das ideias. Cada comportamento, coisa ou ser humano, aqui, tem um correspondente no mundo das ideias e, pois, somente aquele é real. Sua crítica à arte decorre de tal opinião; isto é, a arte é imitação da imitação. Se o mundo que vemos não é o real, a arte que o imita é absolutamente irrelevante. Platão, inclusive, fundamentou todo conhecimento espírita ou espiritual ao dizer da existência da alma, do mundo em que ela está e que, quando da morte, não é o corpo que dela sai, mas a alma que já não quer mais aquele corpo e irá buscar outro, após um espaço de tempo.

Platão serviu de base para a patrística e a escolástica católicas. Fundamentou a interpretação de todas as religiões. Sua filosofia dá base a qualquer religião, uma vez que ao se falar em religião fala-se em outro mundo onde estão as divindades.

---

17 WEBER, 1979, p. 317.

Os deuses gregos eram antropomorfos, isto é, ainda que habitassem o Olimpo, conviviam com os humanos, com eles tendo relações, inclusive sexuais. São famosos os casos de Zeus com as humanas, dando origem inclusive a quadros famosos (*Leda e o cisne*, de Correggio, por exemplo). Platão imaginou um mundo de deuses que coordenavam as ações humanas.

Tal filosofia influenciou fortemente a religião cristã. O sobrenatural nasceu ou de uma ideia ou do medo. As tribos originárias apavoravam-se diante dos fenômenos naturais. Raios, trovões, relâmpagos, chuvas violentas tinham que ter uma explicação sobrenatural. Já que na terra não se encontrava sua causa, como a evaporação, por exemplo, acreditava-se que os fenômenos eram manifestações da divindade. Esta, como dirigia o comportamento humano, enraivecia-se com a desobediência aos códigos de conduta e manifestava sua ira na manipulação dos fenômenos naturais.

O texto bíblico é a história de um povo pelo além. Deus, na época, conversava com seus escolhidos. Abraão é um bom exemplo. Moisés e Noé também. Todos os escolhidos tinham que cumprir os desejos da divindade. Ademais, tinham que transmiti-los a seu povo.

Curioso observar que, enquanto a civilização era politeísta, não existiram guerras religiosas. Eram de dominação, de conquista territorial, mas não religiosas. Cada qual tinha seu deus e não se importava com o deus do outro. Note-se que o hinduísmo tem milhares ou milhões de deuses, e cada um está em nosso corpo ou mente. Tal circunstância reforça o entendimento de que pedaços, partículas, moléculas, átomos ou células se espargem pelo mundo todo e podem penetrar em outras pessoas ou animais. Daí a crença na metempsicose. Não é porque a alma volta ao mundo para encarnar em alguém, mas porque resíduos do morto podem se encontrar no mundo e se incorporar em outro ser vivo. Pouco importa que seja animal. Não é que a alma retorne ou sobreviva em outra pessoa ou animal. Simplesmente alguma partícula se desintegrou do que morreu e se incorpora em outro ser.

Repita-se: Enquanto o politeísmo governou a terra não ocorreram confrontos. Nem preconceitos. Nem a circunstância de que a minha religião é melhor do que a sua. Ninguém se confrontava por isso. A partir, pois, do monoteísmo é que nasce o desejo de que uma religião prevaleça sobre a outra. O meu deus é mais poderoso do que o seu. Daí a permanente tensão entre judeus e árabes no Oriente Médio. Se cada qual tivesse vários deuses, os territórios não seriam sagrados, Jerusalém seria uma cidade como outra qualquer, as igrejas não existiriam, porque não haveria necessidade de locais para culto.

O deus é o que se encontra em nós. Esta foi a mensagem transmitida pelo Nazareno. Cada um de nós, em seu interior, é um deus. O reino que não é deste mundo é o da intimidade e não um mundo sobrenatural. Freud bem analisou (Moisés e o monoteísmo) a origem egípcia de Moisés e a origem egípcia do monoteísmo (Tutankamon) de curta duração.

Cada religião intenta sobrepujar o deus do outro. A lenda tornou-se realidade espiritual. O incrível passou a ser crível.

Ademais, "não é a religião que faz o homem, mas este que faz a religião". A frase não é minha, mas de Marx.[18] Analisemo-la. O ser humano veio ao mundo, através da evolução, despido de religiosidade. Produto de matéria que, ao longo da história (bilhões de anos), veio a se consolidar na espécie atual, que tem uma mente que pensa. É ser infinitamente pequeno diante do mundo. Olha-o

---

18 MARX, Karl. *Crítica da filosofia do direito de Hegel*. São Paulo: Boitempo, 2005, p. 145.

sem compreender no início e, posteriormente, vai entendendo seu funcionamento. É pó diante de tudo. Sozinho, tem medo. Os fenômenos naturais são incompreensíveis. Inicialmente, portanto, vê deuses em tudo que se manifesta no mundo, como lua, estrelas, sol, chuva, trovões. Do temor nasce a religião.

Não é, pois, a religião que faz o homem, mas este que a elabora.

Qual a religião verdadeira? Na realidade, a verdadeira é aquela em que se acredita. Aqui, discussões não mais têm qualquer fundamento, porque se passa ao irracional. No terreno da fé tudo é aceitável. O racional desaparece.

A fé não se discute. Acredita-se ou não. Sem provas. Sem demonstrações. É meramente sentimental. A ciência é incompatível com ela, salvo se fizer concessões. A base científica é a demonstração, a comprovação de que algo é assim. A fé dispensa comprovação. A fé é mero sentimento e crença. Crê-se porque se crê. É o irracional.

Grandes foram os estragos causados pelas interpretações dos diversos textos encontrados e tidos como autênticos, ditados pela divindade em pessoa. Ou por alguém a ela ligado. No caso do monoteísmo, o deus é muito importante para dialogar com qualquer um, e assim elegem-se intermediários que então iludirão a população. Moisés não permite que deus fale com o povo ou deus não quer falar com o povo? Busca então um intermediário confiável para transmitir suas mensagens. O povo tem que acreditar no intermediário. Simplesmente deus é deus, e não se mistura.

Por força da manutenção do mistério o intérprete se valoriza. Não vejo, mas acredito. Cria-se a mística em torno do etéreo. Daí a valorização dos padres, sacerdotes, pastores de toda espécie. Leem o texto e o interpretam. O texto não foi feito para a massa ignara, porque enviado em mensagem simbólica, por parábolas, o que torna difícil a compreensão imediata. Somente alguns homens dotados de inteligência especial, por isto tão valorizados, pois podem captar o sentido da mensagem.

Como é difícil dialogar diretamente com deus, o sacerdote serve de intermediário, até para a confissão dos pecados. O fiel, coitado, não sabe o que é pecar, mas se isso lhe é ordenado, pensa que é e passa a informação para o sacerdote, que possui então informações confidenciais exclusivas. Nas pequenas comunidades sabe da intimidade de todos. Tais informações são importantíssimas para que exerça seu domínio sobre ela.

Passa-se esta vida a vivê-la pensando em outra, que está na transcendência. Lá, a vida eterna. Aqui, o sofrimento. O passar dos dias que leva à morte não importa. O que vale é o outro mundo, onde reside a felicidade absoluta.

Assim, serve a religião como imposição de servilidade. Os desregramentos da vida devem ser evitados e, por força da ordem divina, aqueles que exercem cargos ou funções públicas são autorizados por deus. Logo, devemos-lhes obediência irrestrita. Somente deus dá autoridade, e, por ser assim, a obediência à autoridade é incondicional.

18.4. RELIGIÃO E DOMINAÇÃO

Vê-se que a religião é forte instrumento de dominação, como o é o Estado. Os códigos de conduta de ambos são idênticos. A ilusão de que, seguindo as ordens, se chega ao paraíso é a mesma da sujeição ao Estado para a construção de uma sociedade pretensamente melhor.

Como diz Marx no texto já mencionado: "A miséria *religiosa* constitui ao mesmo tempo a *expressão* da miséria real e o *protesto* contra a miséria real. A religião é o suspiro da criatura oprimida, o ânimo de um mundo sem coração e a alma de situações sem alma. A religião é ópio do povo".[19]

Há religiões, inclusive, que impõem miséria ao povo, despertando nele a esperança de que haverá recompensa futura, não aqui, mas em outro mundo. Invocam o carma, o destino, a fatalidade. Na Índia é comum pessoas que nada têm, que se resignam em aceitar aquela vida, sem revolta, sem qualquer inconformidade, buscando o conforto em uma vida futura.

Agem fortemente os instrumentos de dominação. O único jeito de o Estado manter o povo sob controle é o uso de códigos de persuasão. Métodos religiosos. O Estado se diz laico, mas acolhe toda e qualquer pressão dos religiosos para sujeitar o povo ignaro.

Daí a repressão das pulsões. Os sentimentos naturais do homem devem ser suplantados para que possa existir a paz, e a venda de tais códigos logra seu domínio.

Estaria o homem satisfeito com o conhecimento empírico ou necessitaria do conhecimento racional para integrar-se no mundo? Hegel afirma que, independentemente do mundo, haveria formas que já existiriam antes de sua criação ou de sua imaginação ou do início da evolução; em verdade, antes que o mundo fosse mundo, já existiriam fórmulas matemáticas de existência anterior. Assim, o triângulo, o quadrado e o redondo e o dois mais dois serão sempre quatro, em qualquer circunstância e sempre.

O conhecimento empírico, diz-se, pode nos levar apenas a um conhecimento parcial, porque a realidade muda a cada instante. A possibilidade que temos de imobilizar o mundo só ocorre por meio da razão. Antes de todo conhecimento, no entanto, existe a matemática. Mesmo que o cosmo não existisse, as fórmulas matemáticas já existiam.

---

19 MARX, 2005, p. 145.

A ESPERANÇA E A NATUREZA

Interessante a peça de Beckett sobre a espera de Godot. Duas pessoas passam toda a encenação "esperando Godot". É a ânsia do insensato. Quem é Godot? No imaginário pode ser o supraterreno que não vem. A peça retrata bem a existência do nada. A vida é um vazio. A espera é permanente, sem razão de ser. A vida se desenvolve numa permanente interação das coisas. Os dias passam e todos os dias estamos à espera de alguém ou alguma coisa que nunca vem nem acontece.

Ocorre que, como no mito da caixa de Pandora, é o que remanesce para ânimo do ser humano. O existir já é o nada. Muitos glorificam a existência. Obra divina. Doação para que se usufrua o máximo da vida que Deus deu. Mas, se analisarmos friamente, veremos que a existência é um nada. Não tem razão, fundamento, origem, causa nem efeito. Nascemos para o desespero, para a angústia. É o salto no escuro de Kierkegaard.

Ocorre a ressurreição do mito de Pandora, em que a esperança é a última que morre. Quando de tudo já não se espera nada, quando já nada mais se aguarda da vida, ainda surge o último conforto: Quem sabe as coisas não mudam?

Elas não mudam, mas a consciência de si ainda segue acreditando que é possível alterar as coisas. Heráclito disse que a natureza se oculta. Os homens vivem à procura de seus segredos sob todos os aspectos. Mas ela não mostra tudo. Acena com algumas coisas e os homens a ela vão com toda a expectativa de dominá-la. Mas ela ainda esconde outras coisas. A estas os homens não têm acesso. Não cessa a ânsia de descobrir sua face oculta. Mas ela não se mostra.

A natureza é ciosa de si, de ser mãe de todas as coisas. Os seres humanos invejam sua sabedoria e buscam obtê-la, mas ela só cede em parte e devagar. É soberana em tudo. A busca é incessante.

Entretanto, a esperança do homem prossegue intacta. Ele quer, ele deseja, ele busca ansiosamente o conhecimento de toda ela, mas, como mulher experiente e maliciosa, esconde toda sua bela essência.

> # O JOGO
DA VIDA

A vida é um jogo. Os mais preparados, conhecedores das regras, tomam vantagem. O homem tem que ser psicólogo para compreender as entranhas dos movimentos. Cada ser humano joga de acordo com os dados que possui e com o conhecimento que adquire com os mais idosos e experientes. Nem sempre o conhecimento é buscado em livros, mas na vida prática.

A vitória é daquele que conhece os movimentos dos adversários. Todos somos adversários (não inimigos), cada qual tende à dominação do outro. O jogo começa na infância, quando devemos assumir as brincadeiras e dirigi-las. Alguns nascem para sujeição; outros, para dominar. É a regra do jogo. As brincadeiras são técnicas lúdicas para que as crianças se preparem para o futuro. O importante é conhecer o outro. Como ele age? Quais são suas preferências? Qual a sua habilidade? Qual seu conhecimento das regras? O aprendizado começa aí, no futebol, na montagem do jogo de montar as peças, na perspicácia na formação das palavras, nas respostas aos professores e aos pais, na vivacidade, na superação de uma dificuldade.

O jogo da vida prossegue durante todo o crescimento. Na escola, há o enfrentamento do outro, o *bullying* de que devem se safar, as ameaças veladas, a pressão psicológica sobre os menores, agressões físicas, ofensas por causa do tamanho, da cor, de eventual deficiência física, da feiura... Tudo é motivo para sujeição. É a fase de se agigantar e superar tais obstáculos com resposta a cada uma das agressões. É a fase da superação. Da busca de liberdade e da independência de atitudes.

As coisas, no entanto, não cessam por aí. Prosseguem durante toda puberdade, na busca de força física, treinamento para se mostrar a si próprio e ao sexo oposto ou ao mesmo sexo. A aparência no trato com os outros. A busca de opiniões satisfatórias para os problemas da vida. Enfim, o ser humano busca vencer o jogo. É sempre o *conatus* spinozano que prevalece.

Há os *winners* e os *losers*. Alguns serão chefes, comandantes, dirigentes, líderes. Outros, a maciça maioria, serão os subservientes, os cumpridores de ordens, os empregados, os servidores, os subalternos. É assim que as coisas se definem. É a vida em todas as suas manifestações. Isso ocorre com os dois sexos. Cada qual se impõe à sua maneira.

AS MULHERES

No jogo da vida, as mulheres tiveram maiores problemas. Encontraram, desde a Antiguidade, mais dificuldades no mundo dos homens. Não eram consideradas, tanto na Grécia quanto em Roma, capazes de participação na vida pública. A elas era reservada a vida na *oikos*. Embora tivessem voz ativa na economia doméstica, eram afastadas de qualquer decisão na vida pública, dela excluídas.

Na Idade Média ocorreu o mesmo. A força física dos homens sobrepunha-se a qualquer tentativa de mudança de direção.

É verdade que há casos esporádicos, como as rainhas do Egito, as amantes de Péricles e outros guerreiros gregos, as esposas dos romanos e mesmo mulheres influentes junto aos seus homens.

Ocorre que o mundo foi feito para os homens. Eles legislavam. Eles executavam. Eles proviam. Eles guerreavam. Enfim, discutiam os rumos da economia, do governo etc.

Na Idade Moderna as coisas começam a mudar. Elas se impõem para obtenção de direitos na vida pública, o exercício de cargos públicos, e passam a ter forte ingerência nas empresas privadas.

Lutam por direitos pessoais, como dispor do próprio corpo, abortar, pensar, escrever e discutir. Impõem-se em assembleias e passam a dirigir governos.

Pode-se dizer que hoje há mais igualdade, e a mulher consegue se libertar de preconceitos e assumir posições firmes dentro da sociedade.

DEMOCRACIA

Pode-se crer ainda na frase de Churchill segundo a qual a democracia é o pior dos regimes, mas não há nada melhor que ela? Frase de efeito. O mundo sempre foi gerido por reinados e impérios. Sempre um mandava. Da maneira mais despótica, impunha-se pelas armas e dispunha dos dominados como lhes aprouvesse. Em alguns momentos os países foram dirigidos por aristocratas que impunham sua vontade. Ora governo de um, ora de alguns, até que surgiu o governo de todos. Com seus vícios e virtudes é o regime vigente na maior parte do mundo.

Todos se dizem democratas, mas pela mente de cada um passa a vontade ou a perspectiva de quebra do pacto e tomada despótica do poder. Sempre sob a alegação de manutenção das liberdades e de que o pacto social será cumprido. Meras palavras ilusórias. Basta um descuido e nasce um autocrata. O pensamento de Montesquieu nunca foi tão atual: é uma experiência eterna que todo aquele que detém o poder tende a abusar dele.

Modernamente, os governos têm deixado a desejar. Normalmente, um grupo assume o poder por eleições universais. Buscam o governo por meio da instrumentalização de códigos de persuasão. Frases cativantes. Promessas de melhoria de vida, de progresso social, de atendimento às necessidades da população. Passada a eleição, tudo volta à estaca zero. As promessas são esquecidas e as políticas públicas não se cumprem. É preciosa a frase de Rousseau ao examinar as eleições na Inglaterra, ao dizer que o inglês pensa que é livre; é livre no momento do voto; depois volta a ser escravo.

Esta é a rotina da democracia: eleições, discursos, promessas, algumas realizações, fraco atendimento de políticas públicas, novas eleições, novas promessas...

Fazemos uma distinção entre elite (casta de privilegiados por força de dinheiro ou de *status* social), povo (classe média e de entendimento razoável) e massa (ignara, que vive apenas para subsistir).

Surge assim o desencanto com o regime democrático, expressão que vem sendo substituída por busca de *justiça*. Palavra mágica que surge, não apenas no seio do Judiciário, mas especialmente no conceito de *justiça social*. Já que os dirigentes não atendem aos clamores da população como um todo (que é diferente de povo e massa), esta passa a se desinteressar pela democracia, que opera por meio de eleições, e passa a exigir *justiça*, seja através do Poder Judiciário, seja através do Parlamento, ou do Executivo.

Já não basta o exercício do voto para a escolha dos governantes. Maciça parcela da população já não se importa em votar. Ela quer e exige justiça de seus governantes. Quando não atendidas, vai às ruas.

23
LIBERDADE E IGUALDADE. DIREITA E ESQUERDA ◀◀

Há um jogo permanente entre esses dois campos. O liberal elege a liberdade como valor primeiro. O homem não deve ter peias, salvo a obediência às regras explicitadas pela sociedade para possibilitar a vida em comum. René Girard esclarece (*A violência e o sagrado*) que a busca pela instituição do Estado decorreu da necessidade do homem de evitar a morte violenta. Pactuam-se, então, normas que garantam que o Estado proverá a segurança e a justiça, permitindo que o homem fique livre para se dedicar a si próprio. O pai da ideia seria Locke (*Segundo tratado sobre o governo*), para quem a renúncia de direitos teria sido apenas pela segurança pessoal. Hobbes (*Leviatã*) propugna o pacto, mas com desistência de todos os direitos e submissão total ao Estado.

Teriam nascido daí as noções de liberalismo e totalitarismo. Em verdade, como entendemos que o Estado nasce da dominação e não de um pacto nem de sua formação natural, a discussão fica resumida ao tamanho da intervenção do Estado em nossas vidas.

A liberdade é, sem dúvida, um valor de primeira grandeza para a constituição do Estado democrático de direito. O ordenamento jurídico traça os contornos sobre até onde o homem pode exercer sua liberdade. Assim, a liberdade, valor caro ao liberalismo, propugna pouca intervenção do Estado não apenas na intimidade humana, mas também na economia.

Por outro lado, o valor *igualdade* é propugnado por forte intervenção do Estado não só na intimidade humana, mas também na aplicação de políticas públicas. Porquanto o liberalismo quer o Estado fora de qualquer intervenção, salvo a segurança e a justiça, o conservadorismo (totalitarismo) busca pesada intervenção do Estado para garantir a diminuição das desigualdades sociais. O Estado é o pêndulo que mede a efetivação das políticas públicas.

O ideal, no dizer de Aristóteles, é o meio-termo. O Estado como guardião da sociedade deve intervir moderadamente para garantir o fim da fome e propiciar a todos um relativo conforto e prestação de serviços como saúde, educação e infraestrutura. É o mínimo necessário. Para a *esquerda* deve haver maior intervenção do Estado na sociedade. Para a *direita* o Estado deve limitar-se à prestação de algumas atividades imprescindíveis à pacificação social.

Todavia, os rótulos *direita* e *esquerda* hoje querem dizer pouca coisa. Os limites dos conceitos são muito tênues. O domínio econômico é um divisor de águas. Maior ou menor intervenção do Estado na economia é o que os distingue.

A verdade é que ambos buscam manipular códigos sensíveis em relação à população mais carente. Caso contrário, perdem o discurso político.

O ALGORITMO

Falar em *algoritmo* é iniciar-se no conhecimento das máquinas. São procedimentos computacionais. São fórmulas que aos poucos nos dominam. Outrora, dizia-se que o animal é um ser com *software* pronto. Ele não muda. Desde o início dos tempos age da mesma forma. O elefante é o elefante sempre. A barata igualmente. O rato da mesma forma. Os leões agem sempre de maneira igual.

A tartaruga, ao nascer no ninho feito por sua mãe na areia, dali sai em direção ao mar ou ao rio para iniciar sua vida nadando. Não precisa de ensinamento, de preparação. Já está pronta. O mesmo vale para todos os animais.

O único diferente é o animal humano, que não tem *software*. Ele aprende e renasce todos os dias, vivendo na dependência de alguém até poder compreender-se. Daí em diante se faz todos os dias. Como disse Sartre, ele está "condenado a ser livre".

Agora, o homem subjuga-se ao *algoritmo* que passa a controlar sua vida. Não apenas nos computadores, mas nos celulares, nos instrumentos de segurança, nos veículos. Tem sua vida controlada por radares, monitores, visores e filmes. Ao nascer, os pais reservam células-tronco para remediar futuras doenças. Depois, ao invés de brincadeiras de roda, fogueira, pique-pique, passa a brincar com jogos eletrônicos, os *games*. Isola-se do mundo. Ao invés de brincar com seus companheiros, diverte-se no mundo virtual. A cultura eletrônica o domina.

Não apenas as crianças, mas também os adultos passam a ser escravos da *internet* e de seus celulares. Entram nas redes sociais e formam grupos fechados de comunicação. Aceitam uma multidão de *amigos* e trocam mensagens a todo instante.

As cartas desaparecem. Outrora havia os romances epistolares. Um dos mais famosos é o de Choderlos de Laclos, *Ligações perigosas*. Também Montesquieu se valeu de tal recurso para as *Cartas Persas*. Hoje, tudo isso limita-se a reduzidas mensagens eletrônicas através do *Facebook*, *Twitter*, *LinkedIn* e *Instagram*.

Os filmes são vistos pelo *YouTube* ou pela *Netflix* e outros mecanismos.

Toda nossa vida se torna cálculos de máquinas poderosas. Será o algoritmo o substituto inevitável de todos os deuses de que falávamos?

O TERRORISMO

Este é um dos temas que mais nos perturbam. Deflui do fanatismo religioso. É a leitura distorcida de textos místicos. A errada compreensão de que podem e devem fazer absurdos. Falsos profetas e pessoas que se acham abençoadas para restabelecer o império dos "reinos do além" resolvem valer-se de todos os meios para a "purificação" dos costumes.

Em verdade, matar uma pessoa é apenas matar uma pessoa. Nada mais. Não é defender uma ideia nem buscar o cumprimento de normas mal lidas. Houve tentativas de firmar um reino na terra – Estado Islâmico – e ocupar território. Por enquanto, porém, movimentos de guerra derrubaram as primeiras tentativas de criação desse Estado.

Ocorre, como demonstrou Yuval Noah Harari,[20] que o terrorismo mata muito menos do que fome, guerra e acidentes de trânsito. As duas guerras mundiais mataram muita gente. Isto o justifica?

---

20 HARARI, Yuval Noah. *21 lições para o século 21*. São Paulo: Cia. das Letras, 2018, p. 201-14.

Absolutamente não. Os terroristas valem-se de todos os meios, especialmente os da morte violenta, submissão, o sequestro de mulheres, decapitação, e todo tipo de agressão à moral média.

A análise de Harari vem corroborada na mesma obra, na qual o autor elabora gráficos apontando as mortes pelo terrorismo e por outros fatores, afirmando: "Embora o terrorismo represente um perigo minúsculo em comparação com outros riscos, cria pânico e histeria descomunais porque é para isso que foi concebido. O terrorismo moderno é um subproduto do alcance colossal da mídia".[21]

Não se pode negligenciá-lo, mas pior é o terrorismo de Estado (*l'état voyou* ou o Estado canalha). Aquele que diz uma coisa e faz outra; possui enorme estrutura de vigilância, de intervenção eletrônica, de *hackers*, de hipocrisia, que mata e diz que não, que prega a sinceridade e pratica o crime. Este é o terrorismo que se deve temer. Os reais terroristas estão sendo dizimados por forças governamentais na Síria e no Iraque. Valem-se do elemento surpresa para atingir pessoas inocentes. São apenas criminosos. Nada mais.

---

21 HARARI, 2018, p. 239.

26
O ILUMINISMO RESOLVE?

Poderíamos retornar ao século XVIII e buscar as lições do Iluminismo para compreender o mundo e nele viver. Como disse Kant, devemos sair da menoridade e gritar: "Ouse entender!". O Iluminismo buscou compreender o mundo por meio da razão, sempre voltado ao humanismo, na busca permanente do bem comum. O indivíduo conta antes de tudo. Isso leva os filósofos a afastar a crença em qualquer onipotente.

Steven Pinker, em *O novo iluminismo*[22] faz longa análise do que entende por Iluminismo, e lembra as duas Grandes Guerras e o Holomodor (terror-fome) de Stalin, o terrorismo maoísta, os campos de concentração do nazismo, as ideologias totalitárias, o recrudescimento de ditaduras espalhadas pelo mundo.

---
22 PINKER, Steven. *O novo iluminismo*. São Paulo: Cia. das Letras, 2018.

Há ditaduras *disfarçadas* que permitem reeleição de governantes, tais como Rússia, Azerbaijão, Uzbequistão, Cazaquistão e outras, mais localizadas na Ásia, sem nos esquecermos da América Latina.

Em verdade, o discurso iluminista corre o risco de não passar de chavões para buscar prestígio. Favorecendo de fato um grupo (elite) rico que manda em detrimento de uma imensa maioria que obedece. O Iluminismo nada tem resolvido, apesar de suas ótimas intenções.

AS PAIXÕES

27

Sob este rótulo tratamos dos mais diversos afetos da alma. Alma no sentido de mente, não em seu aspecto metafísico. O ser humano é tocado por emoções e a elas reage, seja em relação ao mundo ou aos outros. Como diz Harari, "os sentimentos são mecanismos bioquímicos que todos os mamíferos e todas as aves usam para calcular probabilidades de sobrevivência e reprodução. Sentimentos não se baseiam em intuição, inspiração ou liberdade – baseiam-se em cálculos".[23]

Afirma, na sequência, que "sentimentos não são o contrário de racionalidade – eles incorporam uma racionalidade evolutiva".[24]

Em verdade, as emoções estão em nosso íntimo. Há duas formas de erupção: a) por força de evento externo – provocação, ocorrência fática; b) provocação interna, ou seja, por nossos pensamentos e acumulações afetivas. Uma vez provocado, nosso or-

---

23 PINKER, 2018, p. 72-73.
24 *Ibidem*, p. 73.

ganismo (corpo e mente) reage das mais diversas maneiras, violenta ou calmamente.

No mais das vezes não há possibilidade de controle e os sentimentos se contrapõem: ódio ou amor, explosão ou serenidade, mas de qualquer forma vêm à tona. A reação pode ser incontrolável. Neste passo, a razão não é órgão de controle, mas apenas e tão somente de justificação posterior (pedido de desculpas).

28
OS ESPAÇOS CÓSMICOS. LENDAS E ENERGIA

O mundo possui uma energia fantástica. O cosmo está repleto de situações que podem levar as pessoas a estados de êxtase. Se houver muita concentração em estados espirituais, as pessoas podem se *sentir* impregnadas de muita luz. No entanto, nada disso vem de outro mundo, como equivocadamente pode parecer. O mundo de onde proveem tais energias é o nosso. Os átomos estão em permanente fluxo, como disseram os antigos. Com tais deslocamentos, eles criam energias e fazem cessar outras. Assim, as pessoas estão em constante mutação. Para melhor ou para pior. Momentos de crises, dores de cabeça, dores no corpo, alguns problemas de doenças passageiras constituem as mutações por que estão passando os átomos. Tudo é fluxo.

Nem por outro motivo é que surgem lendas de todos os tipos. Revelam situações aparentemente extravagantes. Os mitos bíblicos, persas, egípcios e hindus são iguais. Repetem-se os fatos, mudam-

-se os nomes. No entanto, as conclusões são as mesmas. Retratam episódios da vida. Espalham-se no mundo e refletem energias que transitam por ele, representadas pelos símbolos da física quântica.

A energia resplandece por todo o mundo. Não só em nosso mundo. No infinito. No todo.

FINITUDE

Nada é mais certo do que a finitude do ser humano. O corpo se deteriora dia a dia, encontra a todo instante o universo. É alterado por ele. É um embate que não se vê nem a ele se presta atenção. Mas ele existe. É instantâneo. Ocorre inequivocamente a cada milionésimo de segundo.

O tempo flui de forma inarredável. Nem por anos, nem por meses, nem por horas, nem por minutos ou segundos. O presente já passou. O passado já não existe. Somente podemos captá-lo pela memória que se faz presente novamente. O futuro ainda não chegou. A realidade, pois, é apenas o presente. Este instante. Só que o aqui e o agora já passaram.

Daí a finitude do ser humano. O *dasein* heideggeriano fica então contestado como o ser aí. O ser aí já não é mais, porque alcançado pelo tempo que já passou.

O ser humano sabe que nasce para morrer. Se pensar nisso, angustia-se. Kierkegaard estudou o assunto como religioso e como filósofo. Daí o salto no escuro. Joga-se na fé sem poder apegar-se a nada. Se pensa, angustia-se. A angústia pode levá-lo a suicidar-se. Vive para suportar o incessante passar dos minutos. Não consegue deter a marcha inescapável do relógio. Procura então aproveitar os bons momentos que lhe dão prazer. Seria esta a única viabilidade? Somente o prazer é a razão da vida. Somente ele pode me consolar no mundo? E se tenho dor? Como fugir dela? E se não conseguir? Suportar a dor é viver?

A doença que não consigo remover me dá bem a ideia da finitude. E se não consigo me movimentar e ficar condenado à eterna imobilidade? Poderia sofrer um AVC e não movimentar mais nada. Ficar na cama mexendo os olhos ou apenas a cabeça. Valeria a pena lutar pela vida? Qual vida?

A VIDA

O final do texto anterior sobre a finitude leva a uma indagação igualmente complexa. O que é a vida? Quando começa? Foi-nos dada ou nascemos simplesmente de uma relação sexual, de amor ou ódio? Amor ou estupro? A mãe queria ou não aquele ser gerado em suas entranhas? Teria sido um descuido? Mesmo assim a vida veio.

Alguém nasce e respira. É isso. Se não o alimentarmos, morre. Os animais, segundo Rousseau, estão predestinados a viver por si só. Alguns ainda dependem, no início, dos animais geradores. O ser humano depende sempre de alguém que o alimente até que adquira condições de subsistência própria. As tartaruguinhas, ao nascer, saem dos ovos, deixam a areia e vão à água por si próprias. O ser humano depende do outro para sua sobrevida.

O animal, prossegue Rousseau, já nasce pronto. Daí ter uma natureza própria. Suas características são naturais. Seu *chip* vem com todas as características formadas na origem. O homem faz-se ao longo da vida. Não tem natureza, no sentido de estar formatado em todos os seus aspectos desde o nascimento.

Sendo assim, o ser humano forma-se ao longo do tempo. Vive sua infância e vai se estruturando de acordo com os problemas e a tranquilidade que lhes vão sendo transmitidos pelos pais e pelo meio em que vive. Na escola frui de coisas boas ou sofre *bullying*, com o que vai organizando suas reações, caráter e personalidade. Molda sua agressividade ou a reprime de acordo com as repressões que lhes são impostas. Modela suas reações. Organiza o que tem a seu redor. Raciocina. Reage. Agride. É agredido. Vai aprendendo a se defender ou atacar. Finge. Atua. Ataca. Realiza o que vai se formando em sua cabeça.

Durante a juventude conhece o mundo. Este o agride. Ele reage. Com isso vai se tornando covarde ou corajoso.

Na idade adulta, tem todas as características para entender-se como ser humano. Suas reações estão adaptadas ao meio. Seu raciocínio está formado. Seu caráter, pronto. Sua personalidade está adulta.

Durante todo o tempo conhece o outro. Relaciona-se e se forma de acordo com o outro. Ninguém está sozinho. Ninguém é uma ilha. É ilha em relação a seus sentimentos e dores. No mais, é formado pelo outro. Ninguém sente por ele. Ninguém reage por ele. Ninguém é dono de seus afetos. No entanto, quem o força são os outros.

Ao completar a idade adulta e interagir, o ser humano decide o que fazer. Aliás, a decidibilidade é parte da sua vida diária. A todo instante tomamos decisões. Dependendo da escolha, uma parte de possíveis decisões se anula. Outras tantas se abrem impondo a tomada de novas escolhas. É um sem-fim de opções e alternativas. Sartre disse que estamos inexoravelmente obrigados a ser livres. Liberdade de escolha de nossos caminhos. Estes se abrem e se fecham à nossa passagem. Cada opção é outra opção perdida. Teria sido a melhor ou a pior? Excluímos outras tantas possibilidades. Talvez melhores. Talvez piores. Mas, o que é o pior e o melhor?

Os astros têm seu caminho da mesma forma que as bolinhas da física quântica. Imponderáveis. Como consultar astros que podem mudar a todo instante dentro deste universo maravilhoso para realizarmos escolhas? A maravilha que está acima de nós é inapreensível. O errático de seus caminhos não nos é conhecido. Imprevisível como os sentimentos humanos.

OS AFETOS

Os afetos dirigem nosso mundo. Estão em vivo confronto íntimo em todos os momentos. Bons e ruins. Conflitando permanentemente. Luta titânica. Mas, dir-se-á, a razão não os controla? Pobre razão. Sequer é dona de si própria. E, se raciocina, está mal informada sobre uma porção de coisas. A razão é pobremente dominada. Ela própria não conhece suas razões.

O dito popular é muito interessante: o coração tem razões que a própria razão desconhece. Sabedoria popular. A razão não controla o coração. Não controla nada. Está pobremente perdida no mundo das reações e dos afetos.

O ser humano é um ser afetivo. O confronto diário com o mundo vai fazendo que ele reaja. Reação instantânea e sempre provocada por alguma coisa. Boa ou má. Sempre provocada ou naturalmente hostilizada. O ser reage, sem ainda ter informações completas sobre o que se passa. Daí o instinto, que é o contraposto da provocação e que está no íntimo, o que Freud chamou de *id*, o dono da vida.

Lá dentro, no interior ainda desconhecido do ser humano, e que provavelmente nunca seja conhecido, os sentimentos estão em erupção. Como um vulcão. Por vezes, lança suas lavas. Por vezes, apenas faz barulho. Por vezes, aquieta-se. Mas sempre reage. Expulsando seus sentimentos ou retendo-os em seu interior. Neste caso, a geração de conflitos poderá ser pior. Dá margem a novas erupções talvez mais violentas. Ou aquieta-se, só com a erupção interna. Os afetos ficam retidos em gaiolas indevassáveis causando mal àquele que retém os sentimentos.

Bom é extravasar. Ainda que de alguma forma não agrade. Mas represar é pior. A represa que não tem ladrão de vazamento uma bela hora rompe o dique, mostrando que não são estreitas as margens ou não é elevado o aterro. O que vale é que o represamento foi maléfico e as águas vão agredir as margens, os peixes, os rios, as pessoas e tudo o que estiver na frente. As águas são demolidoras. Quando retidas sem vazão possível, não se acomodam nos acanhados limites que lhes querem impor. É como o coração. Razões desconhecidas o movem.

Assim, o coração é o dono do corpo e o dono da razão. Ele é o ser. A civilização bem que tenta controlá-lo por meio de regras que o sufocam. Pouco adianta. Ele é o dono. Ele é o senhor de tudo. É soberano. Ele impõe as exceções. Ele abole a regra.

É o *conatus*. O coração é o repositório dos afetos. Não o músculo que bate em sístole e diástole, mas o sentimento que nele habita, seu posseiro incontornável. Tomou posse, explora a área, não aceita invasores. É o senhor absoluto da perfectibilidade.

Dono dos afetos, a eles se submete. É mero depositário deles. É o recôndito que não aparece. É o dono que não manda. É o dono escravo. É o senhor aio. É a caixa de Pandora. É o sensitivo que não sente. É o duro que sente. É o sem sentido. Absoluto de tudo.

O interior é o recôndito. É o desconhecido. É o indomável. É o domador sem animais. É o animal enjaulado. É o tigre que ruge sem caça. É o incógnito. É o intangível.

Não há como dominar os afetos. Apenas uma é a arma de contraposição: o medo.

É o medo que pode controlá-los. Talvez a esperança de melhores coisas.

32

O MEDO. IGUALDADE DOS AFETOS

Diz Spinoza que o medo "é uma tristeza instável, surgida da ideia de uma coisa futura ou passada, de cuja realização temos alguma dúvida".[25] É o temor do desconhecido.

Cada ser humano é diferente do outro. Logo, não se pode falar em igualdade de direitos. Pode-se pensar nela. Praticá-la jamais. Mesmo porque seria igualar o que a natureza desigualou. Aqui, todos cedem para permitir a convivência. Não há o abandono de direitos. O que ocorre é que há sua restrição compulsória. Limitação imposta pelo segmento dominante.

Ainda que todos sejam desiguais, há uma igualdade natural, que são os instintos ou afetos. Todos os têm. A formação celular ou atômica os torna existentes em todos os seres. Embora existam em todo ser humano, manifestam-se de forma diversa em cada um. É o que os identifica como indivíduos e os distancia como massa.

---
25 SPINOZA, Baruch. *Ética*. Belo Horizonte: Autêntica, 2009, p. 144.

É como se todos tivessem pés, mãos, tórax etc. Têm também instintos. Estes se exteriorizam das formas mais diversas. Alguns são truculentos; outros, dóceis. Outros, indiferentes. Aí é que se manifesta a beleza do ser humano. Ser tão igual e tão diferente.

O MITO

33

Mito não significa mentira. É uma explicação para um acontecimento inexplicável. O sol nasce e se põe e aparece a lua. Como o antigo via isso? Ele ainda não possuía um esclarecimento científico. Cria então uma explicação baseada em deuses. Determinado fruto ou cereal frutifica em determinada época e não em outra. Ele sente o frio e o calor, e há climas amenos. Como explicar isso? O homem vai "arrumando" esclarecimentos para seu convencimento.

Alguns adquirem o conhecimento sobre como as coisas se passam, não cientificamente, mas de forma empírica, isto é, os obtêm observando a natureza ou *conversando* com os deuses. Logram assim o respeito dos outros. É que diz ter ouvido coisas dos deuses. Quando afirma que irá chover e chove, passa a ser dono de um conhecimento que os outros não possuem. Se sabe prever a mudança de temperatura ou que não choverá, todos passam a ouvi-lo. Isto lhe dá prestígio social. Surgem os *sacerdotes*. Dizem ter contato com os deuses. Depois surgem os livros *sagrados*, nos quais podem ler as *ordens dos deuses ou do deus*. Detêm, então, conhecimento do absoluto. Tornam-se seres especiais. Passam a ter regalias e obtêm favores dos demais (pagamento de dízimo, entrega de doações, favores de virgens etc.).

ABORTO

34

Inúmeras são as controvérsias que giram em torno do tema. Para os espíritas é inaceitável falar em qualquer prática abortiva. As decisões são tomadas no além; assim, não se pode alterar aqui o que foi decidido em outra dimensão. Para outros religiosos o aborto não pode ser admitido porque Deus é quem dá e tira a vida.

Para outros, o aborto deve ser admitido em qualquer hipótese e a qualquer tempo. Posição intermediária diz que o feto se torna ser humano apenas após os primeiros 120 dias de gravidez, e até lá então permite-se o aborto. A partir daí o fato constituiria crime.

Estas são as posições sobre o assunto. A posição estritamente religiosa nada tem a ver com a jurídica. Uma coisa é o mundo dos deuses; outra, o dos homens. Lá as regras são ditadas por livros religiosos que transmitem os ensinamentos e lições dos deuses ou de Deus. Logo, os seres humanos têm que cumpri-las. São determinações tomadas em outro mundo, cabendo aos crentes cumprir e aceitar o que foi decidido. Para outros, inexiste o transcendente, e assim, qualquer decisão é meramente humana.

A última posição é por nós aceita. Uma coisa é o mundo do além (para quem nele crê); outra é o mundo humano, onde as regras são por nós ditadas. Aqui, a mulher é dona do seu corpo e decide por si mesma, refletindo suas convicções e crenças. Descabe ao Estado interferir em tais posicionamentos. É decisão estritamente pessoal.

ARTE

35

Muito já se escreveu sobre arte. Cada qual tem uma posição. Houve uma primeira tentativa no mundo grego de afirmar que arte era *imitação*. Para Platão, o mundo real é o das *ideias*. Nosso mundo é imitação das ideias. Como a arte é imitação do mundo, ela foi vista como imitação da imitação.

Tal ideia subsistiu até Kant, que passou a dizer que a arte é superior ao mundo porque se desvincula dele e se constitui em nova criação.

A partir daí cada crítico passou a ter uma opinião. Em verdade, arte não se define. Decorre de um *espanto* perante a obra. Se nos impressiona positiva ou negativamente é uma obra de arte. É emoção. Não se pode vê-la apenas sob a ótica da razão. Arte também é sentimento.

A partir daí podemos apontar a poesia como a arte do encantamento por meio das palavras. É a manifestação dos afetos em forma de versos, como a prosa os incorpora na extensão de suas frases. Assim também a música por meio da organização dos sons e as artes visuais em relação às imagens.

36
EDUCAÇÃO

O mais terrível que pode existir na vida é alguém ser constrangido a ter alguma ideia. Isto pode ocorrer por indução de quem orienta. A sedução por ideias é trabalhada de forma hipostasiada e na surdina. Não se impõe alguma coisa. Trabalha-se a persuasão para cativar o espírito do outro.

Por isso, falar em *escola sem partido* é uma contradição nos termos. A educação básica se faz na família (tradicional, monogâmica, hétero ou homossexual) e se completa na escola. Nesta, as informações devem ser as mais variadas possíveis. É impossível dissociar a ideologia do ensino. Cada um de nós pensa de acordo com informações recebidas. Muitos se seduzem por rótulos que são utilizados pelos professores e amigos. A juventude é atraída por ideais, igualdade e liberdade. Entusiasma-se. Busca leitura de autores que defendem tais ideias e firmam convicção de que este é o único caminho para a redenção da humanidade. Com o tempo, tendo de encarar a realidade e a sobrevivência pessoal, adota outros rótulos pragmáticos.

Assim, falar em *escola sem partido* é castrar a disposição e as convicções dos professores, sobretudo aqueles formados em uma época de disseminação de determinadas posições filosóficas e políticas. Natural que as transmitam, seja na discussão com colegas, seja em sala de aula. *Ninguém é um ser sem ideologia.* Direita, esquerda e centro são palavras que utilizamos para identificar determinado comportamento e posicionamento político perante a sociedade. Uma coisa é óbvia: os homens nascem desiguais. A natureza assim os cria. Ocorre que há dois tipos de desigualdade: a) a natural, e b) a que decorre da ordem social. A primeira é inalterável. A segunda pode ser alterada de acordo com as intervenções feitas pela sociedade e pelo Estado.

Ensinar que é positivo que se desfaçam as desigualdades sociais é pregar o óbvio que esquerda e direita não desconhecem. Todos querem a maior igualdade na sociedade. O problema está na forma de fazer. Um grupo (de direita) quer menor intervenção do Estado; outro (esquerda) quer maior interferência estatal. Na opinião do primeiro, se não houver participação do Estado a sociedade resolve o problema com plena liberdade econômica e emprego para todos. Para o segundo, há um imenso egoísmo dos donos do capital, e só com a intervenção cada vez mais acentuada do Estado reduzir-se--ão as desigualdades pessoais e regionais.

Dizer isso nas escolas não é politizar o ensino, mas transmitir ao aluno posições válidas. A cada qual caberá formar sua própria convicção. Ademais, caso haja confronto entre o que se ensina no seio da família e dos amigos e na escola, caberá ao jovem formar sua própria convicção, não só por meio dos debates em casa como também pela leitura. Os livros a respeito são fartos de lado a lado.

O certo é que é impossível dissociar a ideologia de cada qual, professores, pais, colegas da sala de aula.

37
RELAÇÕES INTERNACIONAIS

O posicionamento no mundo internacional vem carregado também de ideologia. Aqui entra fortemente o fator econômico. O que é melhor para um país? Associar-se a gigantes para receber deles incentivos e apoio financeiro? Integrar grupos econômicos e submeter-se às regras estabelecidas? Incentivar grupos a associar-se a outros grupos?

A verdade é que cada país tem que cuidar primeiro dos seus interesses. Se for autossuficiente, melhor. Conduzirá suas pretensões como lhe aprouver. Outra verdade é que nenhum país está isolado no mundo de hoje. Qualquer alteração no preço do petróleo ou qualquer trauma financeiro pelo qual um país possa passar repercute nos outros. O aumento ou a diminuição do preço do petróleo engendra consequências inevitáveis para todos os países. Um boicote internacional a um país repercutirá fundamente em sua economia.

As relações internacionais se fazem com diplomacia. Não há imposição de lado a lado. Pode haver restrição comercial em face do sistema político vigente em algum país. Uma ditadura não é respeitada em grande parte do mundo de hoje. É o caso da Coreia do Norte, com seu regime econômico, social e político fechado. Onde direitos não são respeitados há restrições econômicas.

Dado o atual sistema de comunicações, a maioria dos países está integrada no mundo. Poucos se isolam. Daí impõe-se o respeito à individualidade de cada país. Há tendência de agregação em grupos econômicos ou mesmo políticos. A Europa nos dá exemplo de como isso pode funcionar.

O que vale nas relações internacionais assim pode ser resumido: a) é assegurado a cada Estado seu autogoverno; b) as políticas são decididas por seu governo; c) é dado a cada um juntar-se a determinado grupo econômico; d) igualmente pode associar-se a um grupo político; e) as relações se fazem sem possibilidade de intervenção ou guerra de conquista; f) a soberania obriga, como disse Bodin, a não aceitar outra força igual nem força externa superior, ou, na visão de Schmitt, só o país soberano pode decretar estado de exceção; g) a vinculação de país a país é de livre deliberação de cada um.

O MEIO AMBIENTE

38

Não há dúvida de que florestas, mares e rios passaram por um processo de degradação. Os animais foram brutalmente mortos. Os rios têm servido de depósito de lixo. Os mares são invadidos por "piratas" que o agridem, por exemplo, com pesca predatória. Ainda assim, tem ocorrido mudança razoável na preservação da natureza.

Temos alguma obrigação ante as gerações futuras? Claro que sim, mas sem nos sacrificarmos inutilmente.

Por outro lado, parece inegável que a própria natureza se destrói, como antigamente, quando animais foram extirpados por causas naturais, movimentos sísmicos ou doenças.

Parece inescapável também que algum grau de degradação seja inevitável pelo só desenvolvimento humano. Como compatibilizar o desenvolvimento industrial, as locomoções nacionais e internacionais, a necessidade de alimentação de bilhões de seres humanos à preservação dos ecossistemas? Há necessariamente que utilizar o máximo de tecnologia. Maior produção de grãos, criação pecuária, indústria da construção, há que compatibilizar tudo isso com conquistas ambientais com consequências positivas para o bem-estar da população.

A cessação de guerras em grande escala provocou o aumento demográfico, que obriga a tomar providências para o aumento de produção de alimentos, sempre, porém, visando ao desenvolvimento sustentável.

O desastre verde ainda não ocorreu, o mundo ainda não virou depósito de lixo.

Que se institua um imposto sobre a emissão de carbono. Limitações internacionais devem ser exigidas.

No setor de energia há que se sopesar o uso de energia nuclear sem ignorar, no entanto, seus riscos.

Em suma, é imprescindível que os países não parem de se reunir e deliberar sobre todos esses temas, sem nunca ignorar seus eventuais efeitos nocivos.

39
FELICIDADE

Freud analisou exaustivamente a busca permanente pelo prazer. Ninguém "normal" gosta de dor. Os gregos almejavam a *eudaimonia*. O que é uma vida feliz?

Tudo começa com a infância. Um relacionamento intrauterino com a mãe é essencial. Com o nascimento, a criança que vive num ambiente saudável, sem violência, tende a ser mais sociável, a crescer bem disposta e alegre. Se há problemas familiares, especialmente entre pai e mãe, as consequências serão maléficas.

Nada disso é ciência exata. Essas coisas não são medidas e pesadas com réguas e balanças infalíveis. Não há resultados fatais. Tudo depende da natureza de cada um, de seus reflexos, de sua consciência de existir, de sua vulnerabilidade. Nada é automático. Essencialmente pulsional, o ser humano nem por isso deixa de sofrer influência do meio em que vive.

Se logra superar os problemas e não sofre em demasia efeitos da puberdade (quando se é totalmente afetado e transformado), chega à idade adulta em condições de compreender e superar tais dificuldades.

Se consegue "sobreviver" aos males que a cercam tem a pessoa tudo para ser feliz.

Em primeiro lugar vem a felicidade íntima, em que é essencial estar bem consigo próprio. Esforçar-se por ter atendidos seus anseios iniciais e superar as dificuldades. O segundo passo é entender-se com os outros, saber relacionar-se, afastar-se de pessoas más (que são facilmente identificáveis, embora por vezes sibilinas) e aproximar-se das boas. Esses relacionamentos são fundamentais.

Um terceiro ponto é a conquista pessoal ascendente na sociedade. Boas colocações, destaque, elogios pelo desempenho, tudo leva ao engrandecimento. Como ensinou Spinoza, está sempre presente o *conatus*, ou seja, a força interna da sobrevivência e superação dos obstáculos. É a essência da vida. A cada frustração a energia diminui; a cada conquista a energia aumenta. A felicidade depende de tais momentos. O *carpe diem* horaciano é fundamental. Saber usufruir do que a vida oferece; refutar situações danosas. Superar obstáculos, ajudar os outros, compreender os comportamentos alheios, ter palavras de solidariedade, tudo isso faz parte de uma vida feliz.

Quando todas as energias se somam e se juntam em determinado momento, ocorre a plenitude da vida. Momentos de dissabor devem ser passageiros. Sempre pensar alto, pensar positivo, não se deixar abater pelas circunstâncias difíceis. O céu pode estar aqui na terra. É o êxtase. É a glória da vida.

O VÍRUS

40

De repente, irrompeu o vírus. Abalou a vida de todo o mundo. Ninguém ficou imune à sua ação. Os países se desdobraram financeiramente para conseguir atender às necessidades sanitárias de suas populações. O surto iniciado na China espraiou-se globalmente.

Alguns foram mais previdentes e logo diligenciaram todas as ações possíveis para impedir sua dispersão. Esforços vãos. O mundo se retraiu. Todos os países fecharam suas fronteiras. Internamente, providências foram tomadas para impedir o acesso das pessoas a bares, restaurantes, praças. Escolas foram fechadas. O comércio parou. Apenas ficaram abertas farmácias e mercados. Hospitais provisórios foram construídos em tempo recorde.

A indústria de máscaras, remédios e alimentos cresceu. A comunicação ficou restrita aos meios eletrônicos. Aulas continuaram *on-line*. Os pais foram recolhidos em casa junto com os filhos, vivendo novas experiências. A economia dos países foi fortemente abalada. Foi necessário instituir uma renda básica para a população carente.

A sociedade ainda assiste a tudo perplexa. Os poderes constituídos deixaram de funcionar num primeiro momento, até que se estabeleceu a comunicação por videoconferência.

Tudo isso se passou em questão de meses.

Confinada, a população mudou seus hábitos. O diálogo entre pais e filhos renasceu; também cresceram os desencontros entre casais. A educação buscou se reinventar. A cultura tomou nova dimensão.

As grandes modificações se deram no âmbito sanitário. Os hospitais foram obrigados a se dividir. Os médicos, os enfermeiros e todos os profissionais da saúde se sacrificaram.

O que vem a seguir é a tentativa de retratar como as pessoas reagiram diante da pandemia. Diálogos, soluções, divergências, encontros e desencontros. Senão, vejamos.

MINHA ESTRELA BETELGEUSE

⏪

Alpha Orionis é uma estrela brilhante. Integra a constelação de Órion. É tida como supergigante vermelha. Ela viverá alguns milhões de anos.

Certo dia, pensava em todas as coisas escritas na primeira parte deste texto. Misturei religião com Judiciário. Parlamento com morte. Indagações filosóficas com a validade da existência. Fazia tudo isso da janela do meu quarto. Olhava para o céu, e me encantei com a Betelgeuse (não vou chamá-la de Alpha Orionis. É muito técnico). Alpha significa que é a mais brilhante da constelação. Dizem que não é. O que importa?

Apaixonei-me por Betelgeuse. Resolvi que é minha. Quem pode ser proprietário de uma estrela? Lá não há registro de imóveis. Ninguém é dono de nada. Tudo é comunitário. Significa ser comunista? Simplesmente tomei posse dela. Não disponho fisicamente da estrela. Mas ninguém vai disputar comigo sua propriedade. Simplesmente é minha. Se alguém quiser, reparto o sentimento. Só que minha posse são ideias, amores, simpatia, querer por querer, amar intransitivamente. Ela é minha. Quem quiser pode ir lá tomá-la. Tenho certeza de que ninguém irá. Por isso ela é minha. Só minha.

Comecei a pensar na minha estrela em tempos de pandemia. É divertido e trágico ao mesmo tempo ter uma estrela, não poder pegá-la, mas achar que ela protegerá você e todo mundo. Só porque posso falar com ela nesses tempos de pandemia e solidão, é bom ter uma estrela.

1.

"Não sei por que, mas Betelgeuse é um nome que me instiga". Não me perguntem por que, mas estou intrigado com essa estrela. Os astrônomos dizem que explodirá em pouco tempo. Tempo infinito, claro. Sabe-se lá quando.

O nome tem alguma coisa de mágico. A magia nos faz sonhar, porque o que é mágico é misterioso, e o mistério sempre nos instiga. Os astros sempre nos dizem alguma coisa.

Carl Sagan dizia que somos poeira das estrelas. A frase me preocupa. Nunca sabemos quem somos e o que viemos fazer aqui. Sabemos que estamos aqui. Sempre imaginei que somos alguém jogado em algum lugar.

Pensei comigo: "O que tem Betelgeuse com os vírus que infestam a terra?". Nada, dirão alguns? Têm certeza? Por que as coisas do céu não estão ligadas à terra? Não coisas místicas, mas realidades. Deixemos para lá as religiões que falam em céu e terra e purgatório. Perplexo, me perguntava: o que tinha meu pensamento com Betelgeuse?

É uma estrela brilhante. Quantas pessoas estariam agora olhando para ela? Quantas estariam incomodadas com a poeira que ela expele?

Tais divagações eram constantes nos momentos, dias, semanas e meses que passei purgando a investida do coronavírus. Que diabo era isso? Sai de onde vem, para onde vai? No meio do caminho, causa mortes sem fim. Não importa a nacionalidade, a religião, a crença, a fé, o nascimento, a idade, vai atingindo tudo e todos.

Todas as autoridades falam coisas desconexas. O presidente brasileiro não sabe o que fazer e vive brigando com outras autoridades. Sem noção do que fazia e do que era o cargo que ocupava. Circunstâncias o elegeram como encarnação de ideais confusos.

A sociedade a tudo assistia sem saber o que fazer. Diziam apenas que todos deviam ficar em casa. Quarentena. Jovens se ofereciam a idosos para fazer compras, porque estes não podiam sair à rua.

Uns entendiam que deviam fechar as fronteiras. Outros, atropelando a Constituição, davam ordens desencontradas apenas para dizer que estavam agindo. Era o caso de formular a mesma pergunta do célebre poema de Drummond. "E agora, José?".

Olhar para a estrela não me dava resposta.

2.

José trabalhava em escritório de advocacia e João, seu irmão, em fábrica de papel. A irmã era empregada doméstica. Os três viviam com os pais. A casa era pequena. Um sobrado localizado em zona periférica de classe média baixa. Como os três trabalhavam, a vida não era tão dura. O pai, aposentado, ganhava alguma coisa do INSS. A mãe sempre tinha sido doméstica. Cuidava da casa, lavava, cozinhava e fazia compras na feira que se realizava às segundas-feiras perto de onde moravam.

Dos vizinhos não podiam reclamar. Seu Abreu era dono de uma quitanda. Casado, sem filhos. Vivia bem com dona Francisca. O que ele negociava dava para viverem bem. Havia outro casal bem na frente da casa deles que tinha um filho. O jovem era completamente desajustado. Vivia em más companhias, achavam que já havia fumado maconha e outras coisas mais. Crack talvez. Talvez, não, era certeza, dizia seu Antonio, igualmente vizinho, que vivia em outro sobrado e possuía uma pequena borracharia. Local bastante estreito, mas que quebrava os galhos de todos os que tinham carro.

Antonio ocupava como moradia somente a parte de cima do sobrado. Embaixo era a oficina. Na rua via-se um "macaco", um pneu com água que servia de logradouro de mosquitos da dengue. De vez em quando passavam os agentes sanitários e mandavam despejar a água. Mas ele, teimoso, logo punha água de novo, quando não era a chuva que enchia o pedaço de pneu. Corria-se o risco de dengue.

Jeferson, rapaz desajustado que vivia se metendo em encrencas, não provocava o pessoal da rua porque os pais não iriam gostar. Mas, bastava sair com os amigos para aprontar. Mexia com as pessoas, provocava, era autoritário e malcriado.

– Você levou o crack onde mandei? – indagou o chefe da quadrilha a Jeferson que, de cabeça baixa, confirmou a entrega.

– Tenho mais um serviçozinho para você. Vai pegar um pacote perto do Ceasa e entregar próximo da cracolândia. Na rua Dino Bueno, numa hospedaria. No quarto 23 está o Divino. Suba e entregue o pacote a ele.

– Como vou saber se é o Divino que está lá? – indagou Jeferson.

– Nós já checamos. Se tiver mais alguém será uma mulher. Ele é danado por um rabo de saia. Pode ser de qualquer jeito, gorda, magra, baixa, alta, feia ou bonita. Ele não quer saber. Vive assim. Adora uma cachaça e uma mulher. Boêmio.

– Ok. Quanto levo nessa?

– Pô, cara. Você mal começou a trabalhar e já quer saber quanto ganha? Primeiro cumpra a obrigação, depois volte para receber.

Jeferson pegou uma moto que comprara usada. Sabe-se lá se comprada ou furtada. Havia um mercado paralelo de motos. Os ladrões, individualmente ou associados em cooperativa, roubavam motos pela cidade toda. Sempre em três, saíam pelas ruas a procurá-las. Qualquer uma, nova ou usada, pouco importava. Bastava que funcionasse. Ao encontrarem alguma moto, prestavam atenção se não havia alguém por perto. Enquanto um deles tentava, ligando o farol, fazer ligação direta através do chicote da ignição e com um pequeno cabo dar partida. Muito fácil. Outros dois vigiavam para ajudar caso necessário.

Depois da partida, o meliante fugia com a moto e os outros dois saíam andando, a missão já cumprida. Depois, vendiam para receptadores que as revendiam com preços mais convenientes.

Eventualmente, usavam as motos sem vendê-las.

O risco permanente eram as batidas policiais. Era comum que a polícia fechasse parte da rua e deixasse apenas um corredor para que todas as motos passassem. Pediam documentos. Se não os tivessem, eram encaminhados à delegacia. Alguns conseguiam subornar os policiais. Mas estava ficando cada vez mais difícil, porque eles vinham em grupos e não havia como um receber propina sem que o outro ficasse sabendo. Os agentes da polícia estavam ficando cada vez mais exigentes e cada vez mais idôneos, o que complicava a vida dos bandidos.

De qualquer maneira, a moto do Jeferson era furtada. Pegou-a e foi diretamente para o Ceasa, fugindo das ruas e avenidas de maior movimento exatamente para evitar os comandos policiais. Chegou ao bairro Anchieta e dirigiu-se à rua indicada pelo traficante. Encostou a moto bem em frente ao local mencionado. Aguardou por alguns minutos. Logo saiu do interior da casa um rapaz e lhe entregou um pacote. Ninguém falou nada. Jeferson o apanhou e saiu do lugar. Agora, era dirigir-se à cracolândia, no centro antigo da cidade.

Da mesma forma, utilizou caminhos alternativos para evitar qualquer comando. Agora, se fosse detido, era cadeia na certa. Estava em uma moto furtada e levava drogas. Não conseguiria se safar.

Sem problema, chegou à rua Dino Bueno. Procurou pela hospedaria. Agora era encontrar-se com Divino e, em seguida, receber sua paga. Bem perto estava estacionada uma viatura da polícia.

A tensão cresceu. O que faria? Iria de qualquer maneira, sem mostrar medo. Procurando controlar os nervos, entraria no hotel. É verdade, se esquecera disso, estava bem vestido. A calça *jeans* era relativamente nova, com rasgo no joelho, e a camisa uma polo Ralph Lauren. Dava sinais de que era bem de vida. Mas, o que viria alguém da classe média fazer numa hospedaria da rua Dino Bueno?

A polícia desconfiaria. Procurou se controlar. Nada de suor, pois demonstraria tensão. Ele não suportaria uma aproximação da polícia.

Um dos policiais desceu do carro. O outro já estava fora. Conversavam sem parecer atentos ao movimento da rua. Próximo dali a famosa cracolândia, ou cidade do crack. Ali, um amontoado de pessoas se drogava a céu aberto. Ninguém os incomodava. Havia um pacto. No quadrilátero os viciados podiam ficar à vontade, a polícia não se aproximava. Os hotéis, se é que se pode lhes dar este nome, eram onde os usuários que podiam pagar alguma coisa dormiam. Outros utilizavam o dormitório da Prefeitura, que também servia comida a quem quisesse.

A polícia controlava a situação. Em um ônibus, monitores, olhos vigilantes, observavam tudo que se passava naquela população reunida. O traficante entrava, os usuários faziam uma roda para que ninguém pudesse ver nada, e ali era vendida a mercadoria. Porcaria que valia muito pouco, mas era fatal ao viciar.

As drogas eram de toda espécie, naturais (ópio ou cannabis), sintéticas (ecstasy e LSD) e semissintéticas (heroína, cocaína e crack). Havia outras. Todas de forte conteúdo que induziam dependência. As primeiras provinham da natureza, como o ópio da papoula e a cannabis de sua planta. As demais eram totalmente produzidas em laboratório ou provinham de algum elemento, mas industrializadas.

Todas causavam dependência química. Em primeiro lugar, havia uma viagem gostosa por mundos desconhecidos, propiciando relaxamento e uma espécie de êxtase. Era o primeiro passo.

Os traficantes eram os grandes beneficiários dos lucros deste "comércio". Eram milionários. Não os intermediários. Mas os que controlavam o negócio. Grandes criminosos dificilmente eram localizados pela polícia. Criava-se um estado hierarquizado de criminosos, desde o grande traficante e seu *entourage*, ou seja, aqueles que não eram identificados; no nível intermediário, um grupo de traficantes menores a quem cabia a distribuição da droga. Depois vinham as "mulas", isto é, os que entregavam; e, no final do caminho, o usuário.

Quando sobrevinha a prisão de alguém, era da "mula" ou do usuário. Raro chegar aos chefões, presos quando davam sinais externos exagerados de riqueza.

3.

José recebeu a notícia de que poderia ficar em casa daquele dia em diante.

– Estou despedido?

– Não, José, é que há notícias de que está para chegar um vírus perigosíssimo ao Brasil. Começamos a tomar algumas providências para evitar que este mal atinja nosso escritório.

– Mas como? Não ouvi falar nada disso. O que está acontecendo?

– É que temos informações – disse a secretária – de que está chegando um vírus muito letal ao país. Nosso chefe recebeu informações sigilosas para tomar todo cuidado, porque há possibilidade de que a doença se espalhe. Por isso essas medidas de prevenção. Pode ser que não dê em nada. Mas há sinais de que seja um mal muito grande.

– Qual o quê, Regina, sou esportista, nada vai me desanimar. Estranho é que, agora que estou gostando do escritório e começando a me adaptar à função de estagiário, me proíbem de trabalhar.

– José, é providência importante. Você não deve ir para as ruas por três semanas.

– Ué, por que não? Que diabo de problema é esse que vai impedir as pessoas de saírem?

– É que o vírus é transmissível pelas vias respiratórias. Se as pessoas estão juntas, uma passa para a outra. Estou entregando para você um kit com cinco luvas e cinco máscaras para prevenção. Caso você tenha necessidade de sair, proteja-se. Ok?

– Então não estou despedido?

– Não, José, é medida de cautela. Todo o escritório está dispensado. Tudo, agora, na advocacia, será feito por meios eletrônicos. Logo os tribunais e fóruns estarão fechados e todo trabalho jurídico será virtual. Você receberá seu salário no banco.

4.

O problema surgiu na China, na cidade de Wuhan. Segundo raras informações, o problema adveio de experiências médicas feitas com animais. Dizem que teria sido produzido por morcegos. Parece que teria sido alguma coisa ligada ao pangolim, um bichinho que parece um tatu com carapaça mais reforçada. Os cientistas das áreas química, genética e médica de forma geral estão debruçados sobre pesquisas para identificar de onde teria saído este vírus.

A partir daí, como a China é hoje uma das maiores economias globais, o vírus teria sido exportado para o resto do mundo. Claro que, tendo muita gente ido à China para negócios, ao voltar de lá trouxeram em si o vírus, que se espalhou universalmente.

No início, os governos não deram muita importância para o problema. Trataram-no como uma "gripezinha" que seria solucionada por remédios caseiros.

– Não tem maior importância – retumbou uma alta autoridade federal. – Basta que os portadores do vírus sejam segregados e internados em hospitais para evitar a transmissão e tudo estará resolvido em pouco tempo.

– Não é bem assim – disse um infectologista. – É um vírus desconhecido. Não conhecemos sua etiologia e não sabemos, por enquanto, como lidar com ele. Não há procedimento clínico definido.

Consta até que um médico, que primeiro teve contato com o vírus, fez a comunicação oficial ao governo chinês, mas foi ignorado e afastado de suas funções, morrendo pouco depois.

Assim funcionam as coisas em uma ditadura. O que possa perturbar o governo é imediatamente afastado. A China mantém um governo autoritário, fruto da Grande Marcha de Mao e da Revolução

Cultural. Os governantes não deram importância ou decidiram abafar as primeiras notícias, ainda que alarmantes, mas controláveis.

Num segundo momento, quando se apurou que o problema era mais grave, as autoridades determinaram medidas drásticas em torno do assunto. Foi construído um hospital em dez dias. Todos foram obrigados a se isolar e ficar fechados em suas casas, sem qualquer contato com o exterior, recebendo alimentos para que cumprissem a quarentena.

Enquanto isso, o resto do mundo demorou para tomar qualquer atitude. Muitos estavam céticos e desconfiaram que era um complô chinês para aterrorizar o mundo, o que lhe permitiria vender mais para todos. Alguns governos entenderam de imediato a gravidade da situação, tomando providências para amenizar os efeitos do que, àquela altura, já se tornara pandemia.

Não é fácil para o governante, diante de alguns fatos ainda sem confirmação segura, agir em face do desconhecido. Mesmo em governos conscientes de que alguma coisa séria estava acontecendo havia discrepância de opiniões. Uns entendiam que providências urgentes deveriam ser tomadas, tais como o isolamento total da população, proibindo-a de sair de casa. Outros sustentavam que não, porque essa medida redundaria graves consequências para a economia do país.

A dúvida era: O que deveria ser paralisado? Quais setores da economia seriam fechados? Onde deveria o governo evitar aglomerações? As praias estariam livres? E o passeio nas ruas? Os carros poderiam transitar? Os mercados, supermercados, feiras livres, farmácias seriam fechados? E o comércio informal? E as indústrias? Quais teriam que fechar suas portas? Quais consequências isto teria para o mercado de trabalho? Quantos perderiam o emprego? Como sustentariam suas famílias se dispensados? E as favelas? Os cortiços? A população periférica?

Além de tudo, o setor turístico. E as companhias obrigadas a desativar voos nacionais e internacionais? Como sobreviveriam? Os que já haviam adquirido passagens e pago hotéis, como ficariam?

Uma coisa apenas era certa. O setor de saúde pública seria sacrificado. Os agentes da área teriam que ficar separados. Médicos, enfermeiras e demais profissionais da saúde, como conviveriam com suas famílias? E o risco de transmissão? Tudo era novo. Quais eram as orientações da Organização Mundial de Saúde?

Diante de tantas questões, os governos demoraram a agir. Mas o vírus não.

Em verdade, o desconhecido é temível. Não se sabe como o vírus chega na garganta e nos pulmões das pessoas. De início, inclusive, ignorava-se como ele migra. Do chão? Pela roupa? Pelo sapato? Pelo ar? O certo é que é transmissível pelo perdigoto. O espirro fatal. O beijo letal. O carinho que leva à morte.

Jofre era um enfermeiro. Acordava às seis da manhã e se dirigia ao hospital. Com turno de oito horas, trabalhava muito mais, não porque fosse obrigado, mas porque gostava do que fazia. Até porque não tinha o que fazer em casa. Havia se separado há pouco da mulher. Não tinha filhos. Sozinho, preferia ficar no hospital conversando com os amigos e trabalhando do que perambular pelas ruas ou ficar em casa numa solidão indescritível.

Adorava conviver com os colegas e vivia intensamente a vida do hospital. A cada instante era uma situação nova. Chegava ali todo tipo de problema. Alguém fora ferido por assalto na rua; um parto que se iniciara no metrô e a polícia conseguira trazer a parturiente até o hospital onde a criança nasceu; pobres moradores de rua com moléstias infectocontagiosas, problemas alcoólicos ou vítimas de violência anônima. Às vezes, uma cirurgia difícil. Jofre adorava era a fisionomia das pessoas que ali chegavam com dores insustentáveis e saíam com o problema resolvido. Leves, sorridentes, agradecendo a tudo e a todos.

O hospital era como uma faculdade, onde o objetivo, além de tratar e curar, era também compreender o gênero humano. Assim também como nos fóruns, onde se decide a liberdade ou não das pessoas, um campo imenso aberto a conhecer as reações delas. As pessoas vão aos fóruns para resolver algum drama, cobranças, execuções, cinismo durante audiências, decepção no tratamento com os juízes, submissão ao poder, impotência para resolver incompreensões. Tudo se assemelha ao hospital.

Daí o campo de conhecimento de um e de outro. Ambos repletos de paixões. Dores humanas, físicas e psíquicas. De qualquer maneira, a pulsação dos sentimentos aflorava. Quase sempre uma tragédia.

Nenhum dos grandes gênios da humanidade logrou compreender a aflição de uma alma inconformada. Hamlet sofreu pelo assassínio do pai, Lear pela ingratidão das filhas, Macbeth pelo desejo incontornável do poder. Voltaire às voltas com a religião. Goethe sofrendo com Werther. Père Goriot sofrendo com a filha, no romance de Balzac. Embora Freud tenha aprofundado como ninguém antes o estudo das pulsões, a psique humana ainda é um mistério.

Nas igrejas, igualmente, é possível diversificar o estudo dos sentimentos. Ninguém vai a uma igreja que não seja para pedir alguma coisa. Ora um reencontro, ora a melhoria de sua situação financeira, a recuperação de um filho que caiu no vício, e mesmo um consolo para uma alma inquieta sem saber por quê.

Há confronto com o reino de Satã. Lá os espíritos estão desesperados. John Milton soube analisar como ninguém a queda dos anjos.

Os sacerdotes ficam entre os dois reinos. Eles supõem deter a comunicação com Deus. O xamã, através de danças e rituais pagãos, acessa os fenômenos da natureza ou vísceras para interpretar o que sucederia. Os druidas, pajés, xamãs, sacerdotes de todos os cultos se entendem no direito de aconselhar, porque sabem ler o livro do Deus. Seja a Torá, a Bíblia, o Alcorão, ou mesmo os ensinamentos deixados por Confúcio, Buda e outros iluminados do Oriente, bem como os ritos africanos, todos os encarregados das mensagens divinas se veem preparados para interpretar o que os leigos não conseguem.

Tal circunstância cria uma situação de dependência. Nefasta.

5.

Em época de pragas, há quem acredite que há manifestação de uma divindade para castigar os infiéis. É a pesada mão de Deus sobre os seres humanos, que se esquecem de prestar respeito e elevar preces aos deuses. Nem por outro motivo foi que se criou a raça humana. Na mitologia grega, os deuses não estavam se sentindo prestigiados, e pediram a Zeus que criasse uma raça para que recebessem pedidos e orações. Zeus consentiu e criou os humanos, com a obrigação de reverenciá-lo e aos outros deuses do Olimpo.

José não frequentava igreja de qualquer culto, mas respeitava todas as manifestações religiosas.

Quando ouviu falar que um vírus estava assombrando a humanidade e havia chegado ao Brasil, logo procurou ouvir uma palavra do pastor da igreja que sua irmã frequentava.

– Não é nada, meu filho. Isso não existe.

– Mas, pastor, ouvi dizer que é uma praga que vem por aí transmitida por um vírus mortal.

– Nada disso. Não temos previsão nesse sentido. De mais a mais, se ficar firme nas orações e depositar o dízimo na casa de Deus, nada pode te atingir.

– Ouvi dizer – insistiu José – que a moléstia se transmite pelas vias respiratórias e que atinge mais os idosos e quem já tem outros problemas de saúde.

– Você acha que Deus discrimina seus filhos, mandando praga para os idosos e pessoas não saudáveis? Ora, que discriminação mais absurda. Ele separa os bons dos maus, os fiéis que cumprem suas obrigações daqueles que o abandonaram. Afirmar que uma epidemia está chegando para punir velhos e doentes é desmoralizar Deus. Fique tranquilo, nada acontecerá.

– Bem, pastor, ainda ontem ouvi um médico infectologista de prestígio dizer que é para todos tomarem muito cuidado, porque o vírus tem alcance muito forte. Há notícias de que já matou gente na China e está entrando na Europa e nos Estados Unidos.

– Meu filho, as coisas estão muito longe de nós. Não há razão para temer nada. Em todo caso, oraremos a Deus e Ele eliminará qualquer perigo. As igrejas estão aqui para garantir.

Naquela mesma noite, secretários de saúde de diversos Estados se reuniam para traçar um plano contra a disseminação do vírus. Não havia vacina, e todo esforço era para conter a transmissão.

Soube-se que outros países tinham adotado o isolamento social, ou seja, a sociedade deveria ficar reclusa. Apenas funcionavam estabelecimentos como hospitais, farmácias e mercados. Tudo mais deveria ser fechado.

José não acreditava nas orações. Nem sabia se existia um Deus. Quem era? Como era? Era antropomórfico? Fomos feitos à sua imagem? Então ele tem forma humana? Era importante ter fé, porque ela nos alivia nos momentos mais graves? Quando não há outra solução, é bom crer em alguma coisa para servir de conforto.

Por isso é importante manter a fé de todos, e é bom que creiam em alguma coisa contra o desespero. Este é o grande trauma. Quando bate a desesperança, nada segura as paixões do indivíduo. Por isso é bom que exista a crença em algo sobrenatural e nas divindades. É isso o que segura o ser humano aqui.

José ouviu as notícias de que o vírus avançava com poder destruidor.

O Brasil continuava inerte.

6.

E a minha estrela? Betelgeuse não mandava algum sinal. Será que ela era a responsável pelo vírus? Ela deveria mandar para nós apenas coisas boas. Quantos namorados já não a contemplaram sem que soubessem que ela atendera seus desejos. Não rezem por Betelgeuse. Ela não é uma divindade. Ela compõe o cosmo. Está nele. É linda.

Eu tinha tido alguns diálogos com ela. Pedi que me explicasse os segredos do mundo. Por vezes sentava do lado de fora de casa e olhava para o céu. Já tiveram tempo para falar com as estrelas? Muitos podem pensar que é coisa de louco. Imagine, falar com as estrelas! Mas experimente. Olhe para todas, converse com elas. Confidencie suas aflições, seus problemas. Com certeza virá uma energia forte e você sentirá um calafrio, pois Betelgeuse está respondendo. Erga uma prece. Olhe fixamente para Betelgeuse e conte-lhe sua angústia. A resposta pode não vir imediatamente. Mas virá, em forma fluida, como um sopro.

Só que você não percebe.

Betelgeuse jamais deixa alguém sem resposta. Você verá na mesma hora ou no dia seguinte como sua alma ficou leve. É o seu pó que passou por você. E piscou para você.

Só que você não percebe.

Você já ouviu um pássaro cantar? Eles cantam. Você é que talvez não esteja preparado para ouvi-los. O mundo tem canções maravilhosas. As buzinas dos veículos e as sirenes das fábricas, o latido dos cães e os escapamentos não permitem escutá-las. Quando digo o mundo é a natureza, que não para de funcionar. Seus sons são maravilhosos. Você já entrou em uma mata e ficou ouvindo? São as cigarras, os pássaros, o farfalhar das árvores, o assovio das plantas, o vento uivante. Tudo está a seu redor.

Só que você não percebe.

Você já ouviu o ser amado? Será que prestou toda sua atenção nele para sentir o quanto é importante ser ouvido? Será que um gesto de carinho, um afago, um deslizar de mão no rosto... Você pode imaginar o quanto tudo isso significa? Você já parou para pensar no que isso significa?

Só que você não percebe.

7. O diálogo do vírus

Ninguém sabe de onde vim. Quem me criou. Como passei a viver. Quando. Onde. Em que circunstâncias. Por isso é que ninguém descobre minha etiologia. Ninguém sabe por que estou aqui. Muitos pensam que vim de uma estrela. Quem sabe? Vocês podem imaginar qualquer coisa, mas será difícil entender para que eu vim a este mundo e fazer o quê.

– Então, diga-nos quais seus objetivos. Explique por que fazer esta matança. Você veio vingar-se ou vingar alguém? Que mal os humanos fizeram para você para que viesse com tanta agressividade para matar uma porção de gente? Houve alguma agressão para que você punisse com tanta severidade a humanidade? Já não bastam as pragas que vieram na Antiguidade e na Idade Média, bem como as duas Grandes Guerras que mataram milhares de pessoas? Vem você, agora, lançar uma das maiores punições de todos os tempos?

– Pois é, no começo não me deram importância, achando que fosse apenas uma gripe diferente das outras. Depois, governantes obtusos não determinaram pesquisas. Simplesmente procuraram esconder que eu existia e quais os meus poderes. Imbecis, tolos, desprovidos da consciência de que vivem num mundo frágil e que o homem é débil, inerme.

– Bem, não é porque alguns governantes não reconheceram seu poder destrutivo que você vai punir todos. Não me consta que você tenha matado algum governante. Se você está bronqueado com eles, por que não os pune e deixa livre a população?

– Acho que você não entendeu meu raciocínio. Quem escolhe o governante não é o povo? Então ele é o culpado. Se escolhe mal que sofra por isso.

– Mas o povo não tem nada com isso. Se você tem raiva do governante, aplique sanções contra ele, sem fazer sofrer todos os outros. Você não percebe que há muita gente humilde que vai morrer por sua causa? Pior. Você entrar pelo nariz ou pela boca e, depois, vai até o pulmão sufocá-los. Isso não é razoável.

– Ninguém pensou em razoabilidade. Isto é coisa para juristas e filósofos. Não estou preocupado com isso. Meu problema é punir a civilização como um todo. Ao mundo foi dado tudo. Paisagens maravilhosas, rios caudalosos e piscosos, mares lindos de onde se tira parte da alimentação, terras férteis que produzem o resto. Temperados foram os climas para atender a todos. Mudanças de estação para propiciar colheitas fartas, chuvas na hora certa. E o que vocês fizeram com tudo isso? Liquidaram as matas, destruíram os polos, fauna e flora sofrem nas suas mãos, criaram uma poluição terrível para a saúde, que impede ver a beleza da natureza. É essa humanidade que você defende?

– Não por toda ela, mas a população humilde não tem escolha. Nunca usufruiu de tudo o que você disse, come mal, bebe água poluída, a ponto de alguém já ter dito que os pobres pulam e nadam no esgoto e nada acontece, o peixe não chega à mesa, carne de vez em quando, moram em favelas, têm frio, não têm trabalho, e alguns, desesperados, buscam drogas para fugir de tudo isso. E você vem falar mal da humanidade?

– Bem, concordo que não é ela em sua totalidade. Mas, 1% fica com quase 50% da renda mundial. Você acha justo? Minhas armas são democráticas. Pego tudo e todos. Não olho para a classe social nem para a riqueza do indivíduo. Punirei iindependentemente da posição social.

– Apelo para que você não seja tão rigoroso. Antigamente foram mandados dilúvios, pestes, guerras. Desde sempre circulam alguns vírus, mas sem tanto estrago quanto agora. Agora você ataca a humanidade inteira. Peço-lhe que seja complacente, que olhe por todos. Sei que você já matou muitos e ainda matará mais. Que mal as crianças fizeram? As grávidas, os idosos que você tem punido com maior severidade? Por quê?

— Vou pensar nisso. Só que não é possível ignorar a maldade do mundo, a corrupção, o ódio, os assassinos, os ladrões, os governantes sem pudor, a imbecilidade generalizada... Você não conhece o cosmo. Há muito mais coisa por aí do que você pensa. A poeira do cosmo ainda não chegou aqui. Ela tem muita coisa ruim. Vocês pensam que os vírus vêm dos animais, mas não é verdade. Olhe para o que vocês rotularam de céu e pensam que é a morada dos deuses...Vocês buscam contato com o universo sem saber o que existe lá. Há muita coisa boa, mas muita tristeza também. A ciência não lograria em um século entender tudo que existe lá em cima. Há microparticulas desconhecidas. Micro-organismos que ainda precisam ser estudados. Poeira desconhecida. Não se trata de maldade. É a natureza. É o mundo. É o cosmo. Não há tristeza nem alegria. Simplesmente é o que é. Sem adjetivo. O universo é assim. De vez em quando uma partícula se descola de um lugar para outro causando estrago. Até que se saiba do que se trata não nos cabe decidir. Simplesmente é assim.

— Não há a quem recorrer?

— Não. Vocês tentam se proteger, construindo usinas, casas, universidades, centros de estudo, escolas, pontes, mas nada disso é solução. Vocês não fazem ideia do universo. O céu é o nosso manto e as estrelas nosso lençol, só que não têm sentimento. São o que são. As coisas começam e não sabemos como terminam. Simplesmente acontecem.

8.

— Para você as diferenças sociais não servem? São elas que nos dão a medida exata da pandemia. Por força do confinamento obrigatório, perdemos a liberdade. Quem decide não somos nós. É o governo que decide sobre se podemos ou não ir às ruas. Se devemos ou não colocar máscaras. Resolve onde podemos comprar. Perdemos a liberdade de ir às universidades, às escolas. Não podemos mais ouvir concertos ao vivo nem ver bons filmes nos cinemas. Ficamos reduzidos à televisão e aos computadores. Isso é para quem pode...

Mas, e a população que não tem nada disso, como reage? Fica reduzida à luta pela subsistência. Quem pode um pouco e tem alguma alternativa sai à cata de doação, de cesta básica ou vender alguma coisa em cruzamentos. E quem tem filhos deficientes? Devem cuidar da criança. Aí a experiência é trágica.

Então, mesmo na desgraça as diferenças sociais perduram? Com certeza, o rico se priva de algumas coisas, mas continua se alimentando bem, tem empregadas para limpar a casa, comprar comida e remédios. Os pobres foram privados do pouco que ainda tinham. A pandemia lhes rouba a dignidade.

E o governo? Ao governo só interessa manipular as verbas públicas.

De qualquer forma, instaura-se o pânico. Troca-se a liberdade por segurança. Não a segurança pessoal ou jurídica. Mas a segurança de não ser contaminado. Parece a definição de *direito* dada pelo Manifesto Antropofágico: "garantia do exercício da possibilidade".

O governo não garante nada. Em verdade, a vida reduz-se apenas à sua dimensão biológica. Viver por viver. *Rouler le temps*, dizem os franceses. Apenas caminhar para a morte, afirma Heidegger. Não é ainda a hora do suicídio, porque o desejo da vida (Eros) supera o da morte (Tânatos). Mas o conflito prossegue. Para o pobre resta viver apenas. Alimentar-se para sobreviver. Os poucos desejos que lhe sobram é comer alguma coisa, fazer filhos e tomar uma cerveja (quando possível) no bar da esquina. Não é que não queiram progredir. Querem, mas a vida lhes é madrasta. O governo não fica atrás.

E a vida social? Qual? Existe?

E a vida emocional? Vivem ao Deus dará. Sem expectativas. Betelgeuse nenhum sentido tem por aqui. Vida emocional em cacarecos. É pegar o que resta, cacos de um espelho espalhados pelo chão.

E a vida política? Acordar no dia das eleições e votar para não sofrer reprimendas do Estado. Durante as campanhas quem sabe receber algum trocado. Os cabos eleitorais aparecem com frequência e os candidatos fazem promessas que nunca cumprirão.

Há politização da medicina, até os remédios trazem rótulos ideológicos. Direita ou esquerda? Liberais ou comunistas? Verde e amarelo ou vermelho? Qual a cor da bandeira? Gritos a favor e contra são ouvidos em todos os recintos, em todos os cantos. Passeatas de xingamento e ódio.

E a vida religiosa? Da mesma forma há um engano recíproco. O sacerdote de qualquer credo diz coisas em que não acredita, e o fiel faz de conta que acredita. Ambos se sentem enganados. Saem do culto satisfeitos e os deuses de todas as igrejas igualmente acham que foram cultuados. Sabem da mentira, mas perdoam os fiéis, porque eles também sabem que não são sagrados.

Uma sociedade espiritualmente pobre não pode ser rica. Uma sociedade sem fé está perdida. Não a fé num ente sobrenatural. Num deus. Não. A fé de ser socialmente unida por laços de nação. Sentimentos comuns que nunca morrem. Ideais de antepassados que lutaram por alguma coisa em que acreditavam, mas não conseguiram transmitir para gerações seguintes. Costumes que não foram seguidos. O totem virou um poste ou um animal apenas.

A figuração de uma ideia virou matéria. Hoje, pouco importa que o regime seja autoritário, desde que se tenha segurança e o que comer. É o alimento do homem em seu sentido meramente biológico. Viver por viver. Comer por comer. Nada mais. Para que pensar? Em que acreditar?

9.

Satã se divertia. Mandou o coronavírus, mas nunca pensou que os homens estivessem tão desamparados e tão abandonados. Fez o pandemônio, consultou todos seus asseclas, ouviu as mais diversas opiniões. Todos queriam o caos. As sociedades globais estavam perdidas. Cada governante pretendia impor suas regras. Erradas pouco importa, porque não eram eles que sofreriam os efeitos da pandemia. Eles tinham médicos particulares, ventiladores, máscaras, luvas e todos os aparelhos e remédios necessários. E o resto da população? Ora, o resto era o resto!

Satã divertia-se com as discussões que surgiam. As ofensas mútuas apenas para aparecer para o chefe. Ridículos. Grosseiros. Sem nenhuma perspectiva de sucesso. Ofendiam apenas para se deliciar e receber afagos.

Satã divertia-se com os ricos se protegendo dos pobres. Estes estavam exaustos, inermes. Sequer podiam erguer as mãos para pedir esmola. As pessoas passavam ao largo para não ser molestadas. Pedintes sujos e cheirando mal.

Satã divertia-se. Sabia que no final dos tempos não haveria julgamento algum. Os mortos reduziam-se a cinzas. Ele mesmo sabia que seu reino era de mentira. Mas, se a vida era uma mentira, para que perder tempo?

Satã divertia-se com os países. Em alguns, o desespero. Noutros, governantes incompetentes estavam perdidos. Em alguns, presidentes se davam por satisfeitos quando morriam poucos.

Satã divertia-se. Quase todos viviam só para as próximas eleições. Quem governava só queria se manter no cargo. Quem não governava queria derrubar o que governava. Era Sísifo carregando a pedra montanha acima. Era Prometeu com o fígado devorado. Eram as Danaides que mataram seus maridos e enchiam tonéis de água sempre furados. Era Tântalo obrigado a nunca alcançar comida e bebida. Castigos mitológicos repetindo no mundo. Punição das vaidades, da maldade, da corrupção, da morte.

Satã divertia-se. Só quem podia pôr fim a sua insanidade era Betelgeuse. Estrela linda e virtuosa. Ela também se apagaria um dia, condenada a explodir e a espalhar suas bênçãos por todo o mundo. Até Satã se acalmaria.

10.

Todos conhecem o poder da intriga. Os acontecimentos históricos não se dão pela genialidade das pessoas ou por meio das personalidades políticas ou científicas.

Há sempre aqueles que vivem da destruição. Sem competência para construir alguma coisa nem ideias para melhorá-las, fazem tudo para destruir ideais ou criar problemas para que o sucesso dos outros não se realize. Jamais terão pensamentos superiores. Jamais terão nobres sentimentos. Só entram em cena para destilar o veneno.

Não há que falar em forças do mal. Trata-se de concorrência, de competição, de destruição. Ante ideias nobres mostram os caninos.

É assim na maioria dos casos. Algumas pessoas verdadeiramente iluminadas abrem caminho para encontrar soluções. Espíritos fracos colocam obstáculos, questionam os objetivos da empreitada. Não se conformam com o sucesso dos outros. Têm que destruí-los.

Betelgeuse inspirou algumas almas para que indicassem o caminho do combate ao vírus. Seu brilho extraordinário orientou para que se fizesse o afastamento social, recomendou o uso de máscaras, de luvas e, quando as pessoas tivessem que ser internadas, avisou que o problema era respiratório. Deixou máquinas apropriadas, aconselhou que se fizessem hospitais de emergência. Deu todas as indicações com precisão.

Como disse Spinoza, "ninguém, que eu saiba, determinou a natureza e a força dos afetos, nem, por outro lado, que poder tem a mente para regulá-los".[26]

Ocorre que o ódio "é uma tristeza acompanhada da ideia de uma causa exterior".[27] A causa exterior provém da possibilidade de alguém alcançar sucesso. Nasce a inveja, o ódio que significa tristeza ante a felicidade do outro.

A intriga é o próprio veneno. Destilado em doses homeopáticas que ferem fundo. Vem sempre com uma *fake news*. Gosta de ver a terra arrasada. Dissemina praga daninha.

Os exemplos históricos são inúmeros. Basta recordar Otelo, de Shakespeare, quando sua amada Desdêmona é caluniada por Iago, o capitão preferido de Otelo. Intriga criada para destruir o outro. A felicidade alheia sempre incomoda.

---

26 SPINOZA, 2009, p. 97.
27 *Ibidem*, p. 143.

A intriga tem poder destrutivo. É sentimento ruim. Daninho. Brota qual erva. Corrompe a alma. Destrói a autoestima. Caustica sentimentos nobres. Queima a racionalidade. É pulsão destrutiva. É sentimento que arde. Sufoca. Machuca.

Isso ocorre especialmente nas crises. Quando todos deveriam se unir, os maus espíritos criam cizânia. Quando não há argumentos racionais, a destruição do outro faz parte de uma estratégia de dominação. Depois, não há vencidos nem vencedores. A satisfação da vitória tem o sabor da derrota. O vencedor é um fracassado. É um oxímoro permanente.

Assim caminha a inveja, sempre atrelada ao ódio, sempre apequenando o ser humano.

11.

Em verdade, dizia José, nós somos o vírus da terra. A natureza nos deu toda sua pujança. Deu-nos rios que poluímos. Uma enormidade de peixes que desapareceram. A terra foi agredida com agrotóxicos. As florestas destruídas. Muitos animais extintos. Violentamos a atmosfera com a poluição industrial.

A natureza reage. Se despertamos coisas ignoradas por nós, ela recorre a suas defesas. Obriga o ser humano a não sair de casa. Cessa o turismo, evita o barulho dos aviões e o trânsito de pessoas que vão depredar paraísos naturais. A pesca diminui e as espécies podem se reproduzir com mais facilidade. Deixa-se de queimar as matas. Os animais não são caçados. A natureza sempre consegue reagir e se renovar.

– Não tinha pensado nisso.

– Assim – prosseguiu José –, pense um pouquinho. Se o humano desaparecer, a natureza volta em todo seu esplendor. Ela mandou um aviso contra a degradação a que foi submetida. Sua resposta foi dura. Pense bem. Imaginemos que a raça humana venha a desaparecer. O que acontecerá com nosso mundo? Nada. A natureza vai se reciclar, revigorar, as chuvas virão sem qualquer ácido, a terra poderá produzir sem agrotóxicos, o mar rejuvenescerá, os glaciares não sofrerão o degelo, as plantas crescerão livres, peixes e animais silvestres não serão dizimados. Elefantes, tigres, búfalos, onças e leões não servirão mais de troféu.

– É verdade. Você tem razão.

– Mais do que isso – disse José –, os que ficaram muito ricos e tiveram uma vida cheia de alegrias, de viagens, iates, palacetes esplendorosos, jogos, e homens e mulheres maravilhosas, todos morrerão vítimas de algo que é gratuito – o ar. É o prosaísmo da vida. Neste passo, a morte é democrática, para ela todos são iguais. Ninguém se despede de seus mortos. Certos estão os mexicanos que consideram a morte uma alegria e a festejam a cada aniversário ou em determinado dia do ano. Enquanto no resto do mundo o dia de finados é de luto, no México é dia de alegria e festa, quando se come e bebe com os entes que já se foram.

– Agora – prosseguiu José – nada disso se pode fazer. Morreu, enterra-se e pronto. Nem um último aceno, nem choro, nada. Só resta a saudade.

12.

Assiste-se a um confronto entre *fake news*, jornalismo autêntico, classe política e informações.

Sabidamente em tempos ditatoriais as informações são manipuladas. O ditador e toda a estrutura que o cerca só dão ao público a notícia que quiserem. Nos confrontos palacianos, cada qual tem sua versão para apresentar ao chefe. As dissidências políticas são forte instrumento para levar à população informações erradas ou que agradam às alas em conflito. Destila-se o ódio contra pessoas e países. No grande mundo dos negócios todos têm interesse em prejudicar o adversário ou concorrente. Em *O Conde de Monte Cristo* Alexandre Dumas relata a falsa notícia espalhada por Dantès de uma venda de ações em Madri, o que leva o comprador à quebra.

Entre as nações isso ocorre com frequência. Não apenas nas tratativas internacionais entre elas, mas em informações de ataque e contra-ataque de guerras e guerrilhas. Informações essenciais são pagas a peso de ouro. Tudo é concorrência, o que só ressalta as paixões por todos os lados.

O jornalismo faz parte disso tudo. Uma notícia pode desestruturar toda uma política que esteja sendo implantada. Quem tem ou teve razão? Aí entra a manipulação plena do complexo midiático.

A sociedade fica perplexa sem saber o que de fato ocorre. Mas, a quem servem os jornalistas? A expressão *jabá* é conhecida no meio jornalístico. A mídia serve a senhores. Ao próprio proprietário, a um político, a um potentado econômico?

Nos conflitos ecológicos, por exemplo, há os que entendem que as matas podem ser derrubadas de forma "racional" para exploração agrícola ou pecuária; outros dirão que são o pulmão do mundo; de modo algum podem ser destruídas. As populações indígenas devem ser protegidas. Contra-argumenta-se que o mundo precisa comer, e o Brasil é o seu grande celeiro. A partir daí as informações servem a um ou a outro senhor que terá um ou outro interesse.

A Amazônia é o exemplo mais universal deste conflito.

13.

Podemos dar asas ao pensamento e fazê-lo voar para sabermos para onde vão as almas daqueles que morrerem por força da pandemia. Qual o seu destino?

Esta é uma questão que envolve conhecimento de religião, psicanálise e crença. Por que de crença? Se alguém não acredita numa vida futura, toda digressão será inútil. Morreu. Acabou-se. Não há vida após a morte. Você é pó e ao pó volta. Neste caso, o problema não se põe.

Para os que creem em vida depois da morte acende-se a discussão. Essas preocupações não são modernas. Os egípcios davam toda atenção à morte e acreditavam na vida futura como recompensa ou castigo para o que se fez na terra. Os persas tinham preocupações semelhantes. Todos os povos da Antiguidade acreditavam na vida pós-morte. Os gregos acreditavam no Olimpo e que seus deuses interferiam em suas vidas. Pediam ao barqueiro Caronte para atravessá-los para os Campos Elíseos. Cérbero sempre era um transtorno, embora superável, especialmente pela música de Orfeu.

E as almas, existem ou não? Para o ateu e o agnóstico o problema não se põe. O coronavírus antecipa esta discussão para muitas pessoas.

A primeira discussão no pensamento ocidental foi colocada por Platão, em seu *Fédon*. Sócrates foi condenado a beber cicuta e, antes, para alguns de seus amigos, discorre sobre o que encontrará do outro lado, onde existe a outra vida decorrente da teoria dos contrários. A saber, quando se morre vai-se para outro mundo e, posteriormente, volta-se através da reencarnação. Sócrates chega à conclusão de "que os vivos são gerados a partir dos mortos, tal como estes a partir dos vivos; e visto ser assim, parece-me que dispomos de uma suficiente prova de que as almas dos mortos necessariamente existem em algum lugar, de onde retornam à vida".[28]

Como todos morrem mais dia menos dia, é importante saber para onde vamos e como retornamos. Fica-nos alguma *memória* desta vida? Há a tese de que somos uma *tabula rasa*, isto é, a alma que retorna nada sabe; e outra afirma a teoria da reminiscência. Embora atravessemos o *Letes*, que é o rio do esquecimento, fica-nos a memória desta vida.

Alguns acreditam que a alma volta no corpo de animais – a metempsicose. Para as almas boas, a reencarnação vai para animais nobres, como aves canoras, leões, águias. As que foram injustas e tiranas, em corpos de lobos e falcões; outras voltariam em corpos de asnos e vespas.

Todas essas indagações são pertinentes. Todos estão preocupados apenas com a subsistência dos corpos, mas o que vale é a permanência da alma. Em determinados períodos, dizem, faltam almas no empíreo e, então, os deuses começam a carregar os humanos para abastecer os céus. Mantém-se o ciclo da vida.

Talvez o vírus venha para equilibrar essas questões...

14.

No meio dos ricos reinava pura paz. Temor inicial que se converte em vida boa, podendo pedir pratos em bons restaurantes, ter a casa limpa, assistir televisão, dormir, ler, dar ordens pela internet. Sem sair de casa e, pois, sem ter que se misturar com a ralé nem

---

28 PLATÃO, 2008, 72 a.

usar luvas ou máscaras. O motorista faz tudo. A arrumadeira deixa limpa a casa, lava e passa a roupa. A cozinheira cozinha. À noite, um vinhozinho.

— Vocês com mais de 60 anos não podem sair para casa. Nem para algo essencial.

— E se eu precisar ir ao médico?

— Nem sonhando. Se for ao hospital, você estará sujeito a pegar o vírus. Ligue para o seu médico e peça para vir em casa ou vá ao seu consultório. Mas com máscara, viu!

— Cara, outro dia assisti a uma ópera na televisão.

— Eu assisti a um filme. É aquela história, você nunca tem tempo para ver filmes na televisão. Veio o vírus e abriu essa oportunidade.

— Eu pus em ordem a papelada que há muito tempo se acumulava. Eram contas da fazenda, da empresa, tudo uma bagunça. Arrumei tudo.

— Eu tenho tirado uma soneca toda tarde.

— Outro dia fui ao supermercado às oito da manhã. Não tinha ninguém. Comprei o que quis. Como você sabe, adoro frutos do mar. Abasteci a geladeira.

— Andei comprando uns vinhos. Como adoro os franceses, vi a lista dos *grands crus* e comprei duas caixas de marcas diferentes. Um era *cabernet sauvignon* puro, outro uma *assemblage* de diversas uvas, mas excelente. Gastei uma nota.

— Pedi no mercadão um lote de camarões. Rosa, claro. Gigantes. Muito saborosos. Gosto de comê-los com massa ou então com arroz bem branquinho. Aí cai bem um vinho branco ou um champagne.

— O governo tem recomendado que não saiamos de casa, mas de vez em quando dou uma volta. Aqui na região não tem problema.

As ruas são seguras e, como saio bem de manhã, não há problema. O povão está do outro lado, não incomoda. Ficamos bem longe do fedor e do perigo.

– A polícia está sempre por aqui. Você sabe, eles são pagos por nós e nos protegem. Na porta do clube há sempre uma viatura. Nós damos caixinha ou eles passam para pegar uma quentinha.

– Se acontece alguma coisa vamos para os bons hospitais da região e temos os melhores médicos do país. Conforto total.

– Sou empresário. Terei que despedir vários empregados. Por mais simpatia que tenha por eles, não posso sacrificar minha empresa. Todos me perguntam como irão sobreviver. O problema não é meu. Não posso quebrar. Logo, tenho que sacrificá-los. O problema é do governo. Ele que garanta um salário compatível para subsistência deles. Quando passar a crise eu os readmito.

– E o mercado? Ora, o Estado que se vire! Pouco me importa como vai fazer. Emita títulos. Compre outros de empresas que necessitem. Estoure o caixa. Mas vou me prejudicar. Os bancos cobram os juros que querem. Absurdos. Extorsivos. Escorchantes. E o que faz o governo? Nada. Deixa que explorem a população. Fique devendo no cartão de crédito ou no cheque especial, para ver o que acontece? Você quebra. O banco nunca.

– Não posso fazer nada. Meu banco trabalha no limite. Temos grande problema com inadimplência, os cadastros não dão conta. Não podemos ter piedade ou ser compreensivos com os devedores. Por que pegaram empréstimo se não tinham condições de pagar? Olha, nós temos um grande serviço assistencial. Fazemos as vezes do Estado. Isso ninguém vê. Temos escolas, creches, assistência social. Ninguém dá valor a isso. Só ficam impressionados quando publicamos nosso lucro anual.

— Aliás, o mundo sempre foi assim. De um lado os ricos, de outro os pobres. Entre os dois fica uma classe média, que é quem sustenta tudo isso. Paga impostos, escolas, planos de saúde. A desigualdade social sempre existiu e sempre existirá. Não adianta fazer o contrário nem planos mirabolantes para inclusão social. A maioria continuará excluída. Seja porque não tiveram boas escolas ou porque não comeram na primeira infância, sem nunca conseguir concorrer com os ricos. E isso continuará assim.

15.

No meio dos pobres reinava a conformidade. O povo aprendeu a ser humilde, acostumou-se a viver na pobreza, a ser diminuído. É problema psicológico. Mas não o hostilizem porque ele pode dar mostra do poder que tem.

— Pois é, estava tudo muito tranquilo. Estava empregada como doméstica. Mas a patroa entendeu que eu poderia levar o vírus para dentro da casa dela e me despediu. Perdi o emprego. Vou viver do quê? Meu marido está desempregado. Tenho três filhos. Eles iam para a escola basicamente para comer. Agora, não tem escola nem comida. Até que o governo resolva alguma coisa, um mínimo de sobrevivência, um voucher, ou seja lá o que for, não há comida. Tenho que sair por aí para ver se arrumo alguma coisa.

— Eu vendia bonés e água no trânsito. Agora, o movimento diminuiu muito. Não tenho para quem vender. Os bonés ninguém quer, todos estão com problemas de dinheiro. Água, vender para quem? Como vou fazer com o sustento de minha família? Tenho dois filhos pequenos. Minha mulher perdeu o emprego. Ela trabalhava como merendeira em uma creche que fechou. Não tenho a quem recorrer.

– A vida na favela mudou muito. Minha casa é mínima. Um cômodo e uma saleta que usamos como cozinha. Somos oito. Eu, minha mulher, minha sogra e cinco filhos. Nenhum em idade de trabalhar. Vivíamos com relativa segurança e tínhamos o que comer. Eu e minha mulher saíamos para trabalhar todos os dias. Fazíamos bicos e minha sogra cuidava das crianças. E agora?

– A televisão diz que não é para ficarmos juntos, que devemos usar máscaras e manter distância dos outros. De que jeito? Vivemos amontoados num quarto. Somos cinco aqui em casa. Não tenho marido. Vivo sozinha com quatro filhos. Um já ajuda um pouco. Faz biscates. Parece que está sendo mula do tráfico. Vou fazer o quê? Não quero isso porque sei que não dá futuro. Como vou fazer, sozinha, para sustentar a casa?

Esta é a situação dos que estão na marginalidade. Vivem na periferia em péssimas condições de higiene. No mais das vezes não têm água. Têm que buscá-la em baldes para o indispensável – comida e banho. Há uma torneira bem no meio de uma quadra que serve toda a comunidade. Luz só até as dez da noite. Energia só com "gatos" puxados de um poste próximo. A gambiarra vira e mexe quebra. É um risco enorme, porque pode dar choque em quem se aproxima do fio.

Quando chove é dramático. O aguaceiro dentro de casa, e tem se que colocar pedaços de plástico sobre a cama. Cama? Ora, uma, de qualquer maneira não é confortável. Todos dormem amontoados.

– Aqui ainda é bom porque não inunda. Estamos na beirada de um morro. Mas, os que moram no "pantanal" a todo instante vêm suas casas inundadas. Não têm como fazer, ficam ao deus dará.

Por aqui o coronavírus ainda não chegou. Mas vai chegar, a doença vai pegar todo mundo. Não há defesa. Não há máscaras. Não há luvas. Não há remédio. Não há conforto. As pessoas estão amontoadas, jogadas feito trapos feito rebanho.

Betelgeuse, olhai por nós.

16.

Oh! Deus. Olhe por nós. Não sei se você existe ou não. Sei que você é um Deus recôndito. Nunca se mostrou a ninguém. Só na mitologia judaica e cristã. Você teria conversado com Moisés. Com Noé também. Nós, que cremos em você, será que não vai aparecer nenhuma vez para nos dar alguma esperança.

O vírus está aí. Matando muita gente. Você não fala nada? Você não vê nada? Será que não percebe que está morrendo gente inocente que até ontem acreditava em você?

Oh! Deus. Onde está que não me escuta? Em que lugar você se esconde? Será que não percebe que crianças estão sendo mortas impiedosamente? Isso me faz lembrar os versos de Vicente de Carvalho sobre o pequenino. "Acorda, pequenino acorda". "Tange o sino, tange, numa voz de choro". Todos estamos como o pequenino

Estamos aqui nesta casa, num cortiço, e você não se incomoda conosco. Na verdade, nunca se incomodou. Desde que nasci meus pais sempre me deram carinho. Pobres, só podiam me dar isso. Mas esperei de você um gesto, um afago. Nada.

Cresci no meio de outros pobres, dignos pobres. Todos acreditavam em você. Rezavam. Mas você nunca respondeu. Será que você é daqueles deuses gregos que precisavam de nós apenas para adorá-lo? Do que você é feito? Será que não percebe que estamos morrendo?

Todos estão atônitos, perdidos. Pensávamos que você estivesse preocupado conosco. Claro que você tem que administrar o céu. Sei que o diabo dá trabalho. Mas você é mais poderoso, mesmo porque você é do reino do bem. Onde você está?

Oh! Deus. Será que seu reino é como fumaça? Será que ele se queima como o cigarro aceso no desespero? Será que a eternidade é tempo e seu tempo já acabou?

Estamos todos rezando. De joelhos, em pé, deitados. Venha em favor dos necessitados. Aqueles que têm máscaras, luvas, remédios, respiradores e bons médicos não precisam de você. O dinheiro lhes basta. Mas nós... O que temos senão fé? Esta não se compra. Está aqui conosco. Mas de que vale?

Será que teremos que esperar a morte e o julgamento eterno? Seremos julgados por quem? Pelos ricos que se salvaram? E se morrermos agora. Se minha filhinha de dois anos, pura, anjinho, batizada, for embora? Será você que a levará? Para quê? Você não precisa dela aí. Eu preciso dela aqui. Ela é minha única companhia. Para que você precisa dela aí? Eu preciso dela aqui. É meu consolo.

Dizem que quando faltam almas para a reencarnação você manda uma praga. Morrem muitos. Com as almas que sobem você pode recompor o mundo dos vivos. Para que impor essa matança ao mundo? Deixe que a morte leve os vivos. A morte morrida. Não a matada. Quem está matando muita gente? Para quê?

Por que você não dá um basta nisso? Ou você não pode? Será que o céu é só uma criação do espírito humano? Para que servem todas as histórias da Bíblia e do Corão, são lendas? É para não crer nelas?

O seu mundo é de mentirinha só para fazer as crianças rezar à noite? Nós já sabemos que temos que nascer para morrer e nascer de novo para morrer outra vez. Isso serve a quê? A quem?

Estamos aqui, nessa casa, abandonados. A vida nos foi madrasta. Nada temos e vamos morrer no meio do nada. Por causa de um vírus que você mandou? Por quê? Qual o sentido dessa ordem arbitrária e, diria mesmo, assassina?

Por que você não nos socorre? Ou sua existência é nossa última fantasia?

Ergo uma prece desesperada. Oh! Pai dos abandonados! Estamos sem nada nem ninguém. Inermes. Sem defesa. Sozinhos. Não temos hospital nem médicos que nos amparem. A vida que você nos deu é dura, mas queremos vivê-la até o fim.

Por que nos abandona à própria sorte? Será que rezo para ninguém?

17.

Oh! Jesus, você que é filho de Deus, por que não vem em nosso socorro? Você que ressuscitou pessoas, curou outras tantas, por que não nos ajuda? Você disse que voltaria. Não está na hora? O que mais precisamos? Tivemos pestes, duas guerras mundiais, mortandade sem fim. Governos desastrosos. Holocausto. Já não basta?

Quantos mais serão sacrificados, mortos, incinerados, seviciados, apequenados, humilhados, brutalizados, espancados, violentados para que você venha em nosso auxílio? Quantos terão que morrer de fome e de sede, martirizados, para que você nos estenda a mão?

Quase todos os humanos oram para você. Quase todos lançam gritos de desespero pedindo ajuda. Quase todos rezam com olhar de súplica para que você venha em seu auxílio. Mas ouvidos moucos não escutam os sons. Olhos vesgos não vêm os desencontros. Tudo é pilhéria sob o céu. Nem a lua parece entender o que se passa aqui. Ela mesma se esconde de vergonha ante tanta infâmia! As estrelas, parece que perderam seu brilho. Salvo Betelgeuse. Ela brilha, mas desvia seu olhar para não ver as injustiças. Até minha estrela não vê o que se passa.

Os outros estão preocupados com sua própria diversão. Comendo e bebendo em plena orgia. Não têm tempo de se preocupar com os humanos e seres irritantes e despreparados. Sob o sol, não há maior ignomínia do que ser ignorado. Não há mais desonra do que ser desprezado.

Oh! Filho de Deus. O que fizemos para merecer tal destino? Nascemos pobres, vivemos pobres e morreremos pobres. O que mais é preciso fazer para sua satisfação?

A vida é dada para o sofrimento. Sem eternidade. Sem prazeres. Sem descanso. É um sem-fim de desespero. É como o tronco oco de uma árvore que nada produz. A árvore sem raiz. É como a noite escura e tenebrosa. Satã dominando tudo e todos. Perdemos a guerra. É o vazio absoluto. O nada.

Onde está você?

18.

Outro dia um poeta escreveu o poema negro. Buscou inspiração e encontrou um buraco em sua alma. O poema descrevia o poeta andando pelas ruas sem rumo. Buscava o quê? Inspiração talvez? Um sentido para a vida? Buscava a si próprio. Era como na poesia de Sá de Miranda: "Comigo me desavim, sou posto em todo perigo, não posso viver comigo nem posso fugir de mim". A angústia de não poder fugir de si. Talvez deixar a sombra em algum lugar. O vazio do poeta é o mundo.

É a alegria de ter tristeza e a tristeza de ser alegre. Uma se confunde com a outra e o poeta se perde. Busca nos escaninhos do seu interior. Mas o poeta está vazio. Talvez esteja cheio de saudade de alguém. Ou só de ter saudade.

É viver um passado que não chega e um futuro que já foi. É um sensabor amargo. É o presente do desencontro. Encruzilhadas se cruzam sem destino por qualquer caminho. Disse Machado que o caminho se faz ao andar, mas o poeta estava cansado. De buscar do fundo da alma algum tema para poemar.

Via uma mulher maravilhosa e dela se desencantava. Talvez o poeta não pudesse amar. Via a lua, mas não havia mulher a seu lado para contemplá-la. Fuga e desespero.

Via o mar à sua frente, mas ele não queria as ondas, elas enjoavam. O luar estava deslumbrante com seus raios refletidos sobre o mar. Mas o poeta não via essa beleza. Estava vazio. Via as luzes da cidade com toda sua gente cheia de paixões. Mas o poeta não queria vê-la.

Via o silêncio da noite. Mas o poeta não queria o escuro. Não queria dormir porque seus sonhos eram pesados. Multidões de demônios. Gritos sem fim. Gnomos, ogros e anões o assombravam. O poeta tinha medo de dormir.

O poeta sabia do vírus e sua pandemia. Como cantar um vírus? Só se Baudelaire reencarnasse para escrever poemas sobre a doença. Ele não cantou a putrefação de um cavalo? Seria possível ver sentimento poético na morte de milhares de pessoas? Como o poeta podia viver com o sentimento da desgraça?

Poeta! Poeta! Por que teme a morte? Ela é o final do caminho. Não há divindade que a detenha nem diabo que a antecipe.

O poeta estava perdido! Sem musa! Sem inspiração!

Betelgeuse, inspire o poeta!

19.

O que virá depois da pandemia? Será que o relacionamento social mudará? Será que as pessoas serão mais solidárias? Não creio. A natureza humana não muda. Rousseau escreveu que os animais já vêm com seu *software* pronto. O rato irá viver sempre no esgoto junto com a barata, e sempre reagirão da mesma forma a qualquer provocação. O leão convive com a leoa da mesma maneira de séculos atrás. Os animais não mudam seu comportamento. O que Darwin acrescentou foi a questão da adaptabilidade ao meio: alguns animais desenvolvem o bico de forma diferente do seu igual por força de onde vivem. A alteração é meramente pontual. Os instintos continuam os mesmos.

O homem é diferente. Age ao longo da vida alterando sua existência. Sartre disse: Primeiro a existência; depois a essência. É que, ao longo da vida, o homem desenvolve sua *perfectibilidade*. Ele toma conhecimento do seu *eu* no dia a dia. Adapta-se, atualiza-se e se transforma.

O que acontece? As gerações mais recentes não tiveram contato com guerras, cataclismos ou grandes alterações mundiais. O coronavírus mudou tudo. Vivíamos aglomerados em feiras, lojas, supermercados, teatros, cinemas, bares. Tudo foi *suspenso*.

O que virá depois? Segundo Norbert Elias, "a Civilização descreve um processo, ou pelo menos, seu resultado".[29] Ficamos com a primeira afirmação: a civilização descreve um processo. Os padrões de comportamento se alteram de acordo com os hábitos adquiridos. Age-se por hábito e por imitação. Sem explicação racional. Como diz Pierre Bourdieu, o *habitus* "é um conhecimento adquirido".[30]

---

29 ELIAS, Norbert. *O processo civilizador*. v. I. Rio de Janeiro: Zahar, 1939, p. 24.
30 BOURDIEU, Pierre. *O poder simbólico*. Rio de Janeiro: Bertrand Brasil, 2007, p. 61.

O hábito se altera ao longo do tempo ou pode sofrer mudança abrupta por um choque social.

As pessoas, diante da pandemia, têm a possibilidade de se reencontrar. É o *nosce te ipsum* socrático. Com as tribulações do dia a dia e a correria a que estamos acostumados, não temos tempo para nos dedicar a nós mesmos, que dirá aos outros. A separação social obrigatória nos dá oportunidade de rever posições, de nos encontrar com nossa finitude e nossa insignificância no mundo, nossa pequenez no cosmo. Ainda que não tenhamos consciência disso, isto é, ainda que racionalmente não pensemos sobre isso, o processo civilizatório vai alterar nosso comportamento futuro.

Beijos e abraços serão sinais de efetiva amizade, e não de mero comportamento formal social.

As palestras públicas talvez deixem de ser mera demonstração de cultura e de vaidade para se tornarem troca efetiva de experiência e conhecimento. O debate fará parte da nova cultura.

A individualidade deixa de ser prioritária e a coletividade assume papel principal. Os eleitores saberão melhorar suas escolhas. Os agentes públicos terão mais responsabilidade no exercício de suas funções.

O dinheiro público que se viu esgotar com o atendimento aos problemas decorrentes da pandemia terá outras destinações. Educação e saúde serão prioritárias não apenas no discurso político, mas na efetividade. A cultura será mais importante, porque aos seres humanos é imprescindível ter conhecimento das coisas para decidir com mais segurança.

A ciência adquirirá maior significação. Será fundamental estimularmos a *destruição criativa* de Schumpeter. Ela não é somente essencial no capitalismo. A comunicação é o exemplo mais claro disto. Cartas não são mais enviadas, foram substituídas por e-mail, SMS e WhatsApp. Telefones fixos viraram peça de museu; celulares tomaram o seu espaço. Bancos passarão a fechar portas; todas as transações serão feitas via internet. Compras com presença física não mais existirão; tudo será feito de forma eletrônica.

Podemos prever novas modificações na vida das pessoas. Os veículos serão dirigidos por robôs. Motoristas de coletivos terão que arrumar outro emprego.

Em suma, a destruição criativa será o procedimento que vai construir uma nova sociedade. As reuniões presenciais serão substituídas por *home office* e os *calls* serão feitos através de *Skype, Zoom e Teams*.

Com a diminuição dos veículos cairá a poluição do ar e as cidades ficarão mais convidativas. Em compensação, os pássaros voltarão às cidades e seus cantos serão percebidos. É que os passarinhos cantam, só que não prestamos atenção. É tão belo o trinado do pintassilgo, do canário, do tiziu, do tico-tico e do bem-te-vi.

Se somarmos os pássaros, as flores e a música o relacionamento humano será mais fácil. Claro, sempre teremos os hipertensos, os neuróticos, os depressivos.

Talvez sejam essas as mudanças que desejamos que ocorram. Talvez um pouco mais de humanidade e menos ódio, inveja, calúnia, busca pelo poder, concorrência desleal e desumana, fome, humilhação. Talvez sentimentos mais humanos aflorem e passem a gerenciar nossa vida. Talvez... talvez...

20.

Há tensão no ar. A ciência digladia com a política. Decisões são tomadas como se a história fosse linear. A história é feita de contradições.

É dialética. Como o Anjo da História descrito por Walter Benjamin. O anjo da história vê o passado em que o que é tido como glória tem como suporte o sangue. Quem vê as pirâmides não pode ignorar quanta gente morreu para construí-las. Quem observa a Revolução Francesa não dá atenção ao regime de Terror que se instaurou? Quem admira a Revolução Russa, que desmontou o regime despótico dos czares, não percebe o Gulag posterior?

A história sempre foi contada conforme a visão dos vencedores. Napoleão foi grande, mas deixou um longo rastro de sangue. Milhares morreram nas guerras que promoveu. Alguém hoje se importa com isso? Não. Por quê? Porque a massa é mero rebanho que serve de tapete para a glória dos comandantes militares e civis. Quando é que a história foi estudada segundo a ótica dos perdedores ou das populações "inferiores"?

Walter Benjamin, hoje, tem mais razão do que nunca ao afirmar que "é a essa tempestade que chamamos progresso".[31] Klee teve a intuição do *angelus novus*.

Quem terá razão? Ninguém. Falta à política a sensibilidade para aferir o momento. O vírus não tem estratégia. Cumpre seu papel. O da natureza. Invade o corpo de todos e impõe seu ritmo. Dessa contradição sairá uma solução dialética? A vacina a partir das mortes que se sucedem? A morte para originar a vida?

O político está naufragado em sua imbecilidade. Como mosca n'água. Não voa. E todos assistem, riem. Da insanidade. Da incongruência. Da incompetência. Da burrice e da falta do poder de tomar decisão.

---

31 BENJAMIN, Walter. *Magia e técnica, arte e política*. vol I. Ensaios sobre literatura e história da cultura. 2ª reimpressão. São Paulo: Brasiliense, 2014, p. 246. (Obras Escolhidas).

Há tensão na história. Tensão entre o vírus, sozinho, contra todos. Cada qual aponta sua lança para um ponto sem alcançá-lo jamais. Exército brancaleone. Quem sabe não se juntam todos para contar estórias e divertir os que morreram. Nova edição do Decameron.

O que Betelgeuse pensa de tudo isso?

21.

Como disse Ortega y Gasset, "a característica do momento é que a alma vulgar, sabendo que é vulgar, tem a coragem de afirmar o direito da vulgaridade e o impõe em toda parte".[32] A cultura passou a ser objeto escasso no mundo de hoje. As pessoas estão aturdidas com as obrigações cotidianas.

Não olham mais para o céu e, lógico, não vêm as maravilhas que as cercam. A vulgaridade impõe discussões sem sentido. A nobreza da troca de informações com conteúdo acabou. A superfluidade tomou conta da vida íntima.

Não há vizinhos. Não há troca de ideias e muito menos de ideais. Tudo tende ao vazio individual e social.

Discussões sobre o coronavírus resultam em impasses. Isolamento ou não? Toma-se este remédio ou não? Volta-se ao regime ditatorial, em que as ordens são impostas e não discutidas? A democracia é muito trabalhosa e há muito confronto? O mando decorre da discussão, da persuasão ou da baioneta? Há diferença entre autoridade e mando. O poder daquela advém do consenso. O mando resulta da força bruta. O poder pode advir da Constituição

---

32 ORTEGA Y GASSET, José. *A rebelião das massas*. São Paulo: Martins Fontes, 1987, p. 69.

ou das armas. A primeira é legal; a segunda, arbitrária. Daí a famosa frase de Talleyrand a Napoleão: "Com as baionetas, Sir, pode-se fazer tudo menos uma coisa: sentar-se sobre elas.

O poder democrático às vezes erra, o que faz parte da tomada de decisão, mas se há bom-senso, se os parceiros sociais são ouvidos, se há sensibilidade para o encaminhamento dos problemas, a autoridade se impõe com respeito. Forma-se assim o consenso.

O exercício dos poderes do Estado não pode ser amesquinhado desde que seus executores sejam eleitos em nome de seus compromissos com a população.

Só assim supera-se a vulgaridade tão bem analisada por Ortega y Gasset.

22.

A atual epidemia nos leva a ponderar sobre o confronto liberdade *versus* segurança. Até que ponto vale a pena de abrir mão da liberdade em prol da segurança contra a contaminação generalizada?

A liberdade, já se disse, não é um conceito absoluto. Posso fazer o que quero e ponto; ninguém pode restringir meus direitos. Não. A liberdade é um direito que tem limites. Desde o primeiro pacto social, o Estado. O que permite a vida em sociedade é a demissão de alguns direitos. No estado natural não há limites. A partir do encontro com o outro surgem os limites. Há coisas que não se pode fazer individualmente. O relacionamento passa a ser determinante. Por outro lado, ocorre a dominação e a sujeição dos outros aos desejos do dominante.

Na medida em que as pessoas se aproximam, há restrição do direito natural e da liberdade. Há que se renunciar a alguns direitos para que a vida em comum seja possível. Assim, ou celebramos um acordo de convivência e estabelecemos os limites de atuação de cada pessoa ou grupo, ou nos submetemos a um plexo de normas determinado por uma pessoa ou um grupo.

Em qualquer hipótese o ser humano abandona a liberdade natural para possibilitar a vida comunitária. A extensão dos limites depende do acordo. Cada sociedade estabelecerá pelo costume ou pela norma o âmbito de atuação individual e social.

Em situações excepcionais alteram-se os limites, que passam a ser mais densos. O governante impõe normas restritivas à liberdade. Em uma pandemia é legítimo impor a todos restrição de locomoção na medida em que a ciência assim estabelece. Um dos caminhos, à falta de medicação específica ou vacina imunizadora, é o do isolamento social. Uso de máscaras e luvas são alternativas para convivência mais próxima. O que impede a disseminação do vírus é a falta de contato entre as pessoas. Assim, a ordem expedida pela autoridade competente impõe restrições à liberdade em benefício de todos.

Claro está que a ordem há que ser expedida: a) por autoridade competente; b) dentro dos limites traçados na Constituição Federal; c) nos parâmetros da possibilidade da imposição da restrição. Não é competente quem quer, mas aquele a quem a Constituição ou a lei determinou. Competência jurídica é uma coisa, competência pessoal é outra. A primeira traça o âmbito de atuação do agente político ou jurídico; a segunda é apanágio pessoal.

Dentro do que se diz, não há confronto entre liberdade e segurança. Abre-se mão de alguma liberdade para se ter segurança na superação da crise.

23.

Minha estrela já escreveu diversos romances. Todos denominados romance-rio, ou seja, aquele que narra toda uma epopeia de uma família ou de gerações. É que ela vê e observa tudo. Aí se vê a saga ocorrida em determinada época.

De outro lado, fez milagres. Estes revelam o divino, o abstrato, o etéreo, o fora do bom-senso. A descrença com os homens e seu mundo encaminha a pessoa para a expectativa do místico.

Há um confronto eterno no interior de cada um de nós. O material e o espiritual. Ante o advento de uma crise como a de uma pandemia, apresentam-se dois caminhos: 1) acreditar na ciência e que a solução virá por ela e 2) entender que tanto o mal quanto o bem são atributos espirituais e oram para que o pior passe.

Este confronto é eterno: razão *versus* emoção. Esta tem fortes vínculos na religião e na fé. Ambas irracionais. O escatológico está embutido no discurso apocalíptico ou profético.

Em consequência, sempre se espera um acontecimento fortuito e excepcional que resolverá o problema. A razão busca caminhos científicos e éticos para solucionar o problema. A emoção assenta-se na busca do eterno para fundamentar-se. Daí a busca por milagres.

Na Idade Média, criou-se a crença de que reis curavam escrófulas. E a eles foi atribuído poder paranormal. Deu-se também poder aos animais, como comprova a jumenta de Balaão no livro dos Números 22, 23 e 24 e em Neemias 13;2, ambos da Bíblia (Marc Bloch, *Os reis taumaturgos*, Cia. das Letras, 2018, p. 286).

As crenças se acumulam. Terminam quando não se pode mais acreditar no milagre.

A invocação de forças do bem ou do mal retrata períodos históricos. Quando não há muito onde se apegar e dependendo da condição emocional da pessoa, fácil é que seja apanhada pela crendice. Pessoas dependentes de crenças muito arraigadas tendem a duvidar das soluções terrenas. Daí buscarem o apelo espiritual, aceitando a ocorrência do milagre.

A hierofania, aparecimento revelador do sagrado, manifesta-se a todo instante. Normalmente surge a descrença no comportamento dos homens. Todos perdem seu caráter de liderança ou passam a ser vistos como homens desprovidos de qualquer qualidade. Assim, o sagrado funda o mundo. As manifestações materiais dificultam a compreensão do universo e do funcionamento do cosmo. Daí, como passa a não se entender como as coisas funcionam, fácil é buscar uma explicação no sagrado.

Surgem, daí, duas espécies de tempo: o humano e o divino. O homem vive no primeiro, mas busca apegar-se ao segundo. A eternidade não é querida, mas desejada. O tempo humano é fatal, como o deus Cronos na Antiguidade, que comia seus filhos.

O ser humano espera, então, pelo milagre, ou seja, a manifestação do divino em sua vida. Se já não mais acredita nas soluções humanas e materiais, passa a crer numa solução metafísica. O assunto foi bem exposto por Mircea Eliade, em *O sagrado e o profano* (Martins Fontes, 2013).

O milagre rompe o comum das coisas. Advindo do divino, é excepcional, que traz a crença de que houve uma intervenção dos deuses. Não como nos tempos gregos, em que os deuses antropomórficos participavam da vida dos humanos, mudando seu rumo. O milagre de hoje exige a interferência do Deus na vida de cada um. Ocorre quando as esperanças em soluções terrenas já acabaram. Só resta que o Deus intervenha. Se por qualquer circunstância encontra-se uma solução, fez-se o milagre.

Por mim, busco ajuda em Betelgeuse que lá do céu nos olha, com crueza, sem piedade e com indiferença. Mas sempre há a possibilidade. Que ela faça um milagre.

24.

– Quanto tempo vai durar essa quarentena?

– Ora, quarentena é por quarenta dias.

– Não, querida, a quarentena não tem prazo. O período de duração é quanto o governo entender que devamos ficar isolados. Ora, Laíssa, até que não é tão ruim? Ficamos aqui as duas lendo e conversando.

– É, Lúcia, mas já estou cheia. Li bastante, até o que não me interessava. Quando chega sábado e domingo fico desesperada para sair.

– Pois é, eu estou fazendo parte do meu trabalho em casa. O banco não deu moleza. Dispensou todo mundo, mas nos deu serviço para fazer em casa. Presto assessoria de investimentos a alguns clientes. Agora faço de casa.

– Laíssa, estou enjoada disso. Trinta dias fechadas. Só saímos para comprar alguma coisa de limpeza e comida. No mais, conversamos. Mas acho que já falamos de tudo.

– Sempre se arruma um assunto interessante. Temos visto bastante televisão, noticiários, filmes e alguns programas de auditório. Só que sem auditório. Até que está divertido.

– Eu me comporto como se fosse sair. Ponho boas roupas, penteio-me e me maquio, como se tivesse algum encontro ou alguma reunião. Acho que temos que manter os hábitos. Não é agora que relaxarei.

– Acho ótimo você se prestigiar. É assim que deve ser. Não devemos perder a pose. Sempre altivas e de cabeça erguida.

— Sabe do que sinto falta? Do namorado. Mas de nada adiantaria ele vir aqui. Não sei por onde tem andado e com quem. Não irei beijá-lo e muito menos ter relacionamento mais íntimo. Não me sentiria protegida. Embora, cá entre nós, esteja com uma vontade danada de ser beijada e acariciada.

— Também sinto falta. Paciência.

Laíssa era uma jovem belíssima. De altura média. Rosto fino, nariz bem-feito, cabelos compridos. Tinha um tique que era a todo instante passar as mãos pelos cabelos. Acho até que é mania de toda mulher de cabelos longos. Parece que há uma necessidade irrefreável de passar as mãos pelos cabelos e jogá-los para trás. Mesmo que não estejam incomodando. Ao levantar-se, ela se punha imediatamente ereta e olhava sempre para a frente, de forma a realçar suas formas. O corpo era admiravelmente bem-feito. Seios rijos, cintura bem delineada e nádegas bem torneadas.

Lúcia era mais velha, perto de seus 35 anos. O rosto revelava mente perspicaz. Esperta, mas não tão bonita. Chamava a atenção por sua altura e bastante esguia. Corpo malhado em academia. Cabelos curtos e loiros.

Faziam uma dupla invejável. Quando iam às ruas eram chamativas.

Viviam juntas há cerca de três anos. Os pais moravam no interior e, diante da pandemia, ambas viram-se obrigadas a permanecer em casa. Mantinham contato pelo telefone e, por vezes, pelo *facetime*.

— Hoje li uma peça de Tchekhov, *As três irmãs*.

— O que você achou?

— Retrata a Rússia na época czarista. Tempos banais, de burguesia decadente.

— E daí? Perguntei o que você achou.

– Olha, não faz jus à fama do autor, tido como um dos grandes da época e de todos os tempos. Acho que o *Jardim das Cerejeiras* é melhor. Vi essa peça no teatro da Aliança Francesa. Muito boa; saudosista, com romantismo.

– Do meu lado, estou tentando ler alguma coisa de Walter Benjamin. Como é difícil. É um filósofo moderno, do tempo da escola de Frankfurt, que escreve por aforismos. É uma técnica estranha. Ele pega um tema e o analisa de forma curta, mas profunda. Não faz teoria nem a enquadra em um sistema. Simplesmente comenta. Mas sua linguagem não é nada fácil.

Assim ambas seguiam em conversas rotineiras para vencer a monotonia forçada pelo coronavírus.

Muitas vezes o silêncio diz mais que as palavras.

25.

– Vamos colocar o respirador em quem?

– Como em quem? Temos que intubar os dois.

– Só que não temos dois respiradores. Só um. E daí? Qual deles?

O dilema que estava posto era este: dois médicos tratavam de dois doentes terminais necessitados de respirador. O problema era qual seria o beneficiário do instrumento?

– Acho que temos que dar preferência para o mais jovem, porque ele pode ter mais anos de vida. O outro tem 70 anos. Já viveu o que tinha que viver.

– Mas não é justo. O velho chegou aqui há cinco dias lutando pela sobrevivência. O outro acaba de chegar. Como proceder?

– Vamos consultar o diretor.

– A decisão é nossa. A responsabilidade também.

— Eu coloco o aparelho no mais novo.

— Minha primeira opção também é esta, mas fico com problema de consciência, porque o velho chegou antes.

Questões éticas desta ordem surgem a todo instante. Não há muita escolha. É um ou outro, e a opção é do médico. Ética é a ciência que estuda o comportamento humano. Quando todos passam a conviver assumem um plexo de regras a que devem obediência. Essas regras estão dispostas no que se chama Constituição, ou seja, a regra maior, de onde dimanam todas as demais que lhe devem obediência. Não se pode editar norma em confronto com a Constituição porque o regramento adotado pela coletividade está nela. As leis elaboradas pelo Congresso Nacional devem se submeter, no mérito e na forma, à norma superior. Há uma hierarquia valorativa e processual. As normas editadas em dissonância com a Constituição devem ser retiradas do ordenamento jurídico por uma série de mecanismos.

A Constituição é o símbolo do pacto firmado pela sociedade, que todos se obrigam a obedecer. Por ela, não há que fazer qualquer distinção entre sexo, idade e raça. Logo, há igualdade jurídica. Só que circunstâncias, por vezes, obrigam o julgador (juiz, agente político, médico, policial) a tomar decisões espinhosas.

Qual a opção mais adequada e mais certa? Há prioridade no socorro de ambos os pacientes. Podemos complicar o exemplo e colocar mais pessoas, como uma mulher, uma criança, um negro. E daí?

Juridicamente, qualquer decisão que venha a ser tomada estará amparada pela Constituição. É que, se todos são iguais perante a lei, sem distinção de qualquer espécie, cabe ao julgador do momento decidir o que é mais plausível. O critério, pois, não será jurídico, mas de plausibilidade e razoabilidade.

Tanto a Constituição quanto as leis não dão solução definitiva para o problema. Por vezes, a lei elege certas prioridades; por exemplo, atendimento prioritário a pessoas de mais idade em repartições públicas, em embarques nas aeronaves. Por vezes, dá prioridade para mães com bebês em assentos no transporte público. São critérios que guardam compatibilidade com o que se busca distinguir. Crianças, grávidas e pessoas de mais idade estão em situação social mais frágil. Logo, lícito é que se lhes dê tratamento diferente. Atende-se à máxima de que se deve tratar os iguais de forma igual e os desiguais de forma desigual, na medida em que se desigualam. Frase atribuída a Rui Barbosa.

Sendo assim, o critério para a decisão dos médicos deverá ser o do momento em que tiverem que decidir e, seja qual for a solução, encontrará guarida no ordenamento normativo.

Mas o problema não é jurídico. É ético. Neste caso os mais diversos fatores pesam para uma ou outra decisão. É no exato instante que os profissionais têm que decidir, levando em conta diversos critérios. A ninguém que não esteja no lugar deles cabe fazer uma reaferição do comportamento. Exatamente porque não estava na *situação*. Só o instante é que dá a solução.

O mesmo se pode dizer do policial em situação de conflito. Quem decide? Ele, e somente ele. Quem vive o momento. Quem vive a dificuldade. Nesse aspecto a decisão do policial é muito mais difícil que a do juiz. O policial está vivendo aquele momento de combate e, em segundos, decide o que fazer. Imaginemos que um bandido sequestra uma mulher com uma criança. É ameaçada de morte a todo instante. O policial vê a situação e em segundos tem que decidir a morte do meliante. Caso contrário, quem morrerá será a mãe ou a criança, ou ambas. Instantaneamente saca da arma e atira, matando o sequestrador. Não teve tempo para deliberação, nem para ouvir seus pares ou superiores. É o instante que qualifica a ação.

Diga-se o mesmo do médico. Ele é o senhor da situação. A ele cabe, sopesando as circunstâncias, decidir e realizar o ato. Não há tempo. Se não der certo, o perdão já está dado de antemão. Sua consciência está limpa.

A borboleta azul voa sobre ele. Envia amizade e esperança. Traz o sol para o espírito do médico. Pacifica-o. Betelgeuse enviou a borboleta e respaldou a decisão do médico. A pandemia obriga-nos a agir com ética. De forma imediata. Sem tempo para ponderações, fundamentações e quizílias.

Salvou-se uma vida. Talvez duas. Circunstâncias efêmeras.

26.

O isolamento social não pode ser igual para todos. É que todos são desiguais. Rousseau bem afirmou que há dois tipos de desigualdade. Uma é natural, por razão de nascimento, perfeição ou defeito físico, composição anatômica, cor de cabelo, tipo de nariz, rosto, robustez. Cada qual é de um jeito. Outra é criada pelos homens na convivência.

O pobre não tem como se isolar. A periferia é muito mais populosa do que os bairros chiques. Em qualquer lugar do mundo. O pobre vive amontoado. Casebres mal construídos, por vezes em ribanceiras que cairão. Erguem barracos ou casas de alvenaria sem construtor, engenheiro ou arquiteto.

As famílias, não raro, se desagregam e, muitas vezes, filhos de uma família vêm morar com outra. São solidários. Jamais deixam crianças na rua. Com os parcos recursos obtidos de empregos informais, trazem alguma comida para casa, sempre dividida. Normalmente, a fome é igualmente repartida.

É tragicômico quando o governo exige isolamento entre os mais pobres. Como? De que forma? Em que circunstâncias?

Dez ou mais pessoas dormem amontoadas em rústicos colchonetes atirados ao chão. Fogão, pia, banheiro, tudo faz parte do mesmo espaço. As crianças vão para a rua tentando obter algum dinheiro ou alimento para dividir.

As famílias de classe média não dividem. Têm espaço bastante confortável para se alojar. Embora pouco, o dinheiro é suficiente para que se alimentem. Essa classe média tem estrutura para enfrentar a crise, embora isto lhe custe muitos dissabores. Mas sobrevive. Com dificuldades, é verdade, mas, desde que não se contamine, chegará ao final do túnel.

Quanto aos ricos, os recursos são inesgotáveis...

27.

Quem merece todas as honras são os profissionais da saúde pública. É curioso como não damos importância às pessoas quando delas não precisamos.

Esses profissionais assumem importância fundamental numa pandemia. Médicos, enfermeiros, pessoal da limpeza, assistentes e todos os envolvidos no tratamento ficam diretamente relacionados com a doença.

Em casos de moléstia transmissível o dano é generalizado. O risco é completo.

Há profissionais de todo tipo: a) os que são absolutamente abnegados e assumem o risco: b) os excessivamente cautelosos que evitam o contato direto com o doente; c) os que não querem se contaminar e, pois, mantêm distância do doente e buscam maneiras de evitar o contato; d) e, por fim, os medrosos que ignoram o juramento de Hipócrates e fogem. Não querem assumir qualquer participação com medo da infecção. Estes não merecem consideração.

É que o risco é inerente à profissão, ao lado de outras que são de risco completo, como pilotos de veículos, de aviação, policiais de rua e profissionais de segurança.

Agigantam-se os deveres do juramento que fizeram. Os horários deixam de ser importantes. O objetivo é a saúde coletiva.

Há que se prestar justa reverência àqueles que, com sacrifício pessoal, se dedicam aos portadores do vírus com a mesma eficiência e carinho no tratamento daqueles que pagam. Não são apenas profissionais. Cumprem com o juramento prestado em seu mais profundo significado.

28.

As relações sexuais ficam abaladas. As prostitutas ficam sem seus fregueses. O medo da transmissão é óbvio. Como ficar sem um beijo? O vírus pode estar ali, à espreita, para agir.

Alguns casais longevos já abandonaram a prática. Outros, ajudados por pílulas, Viagra e Cialis, ainda têm prazer. Casais mais jovens aproveitam intensamente. Sozinhos, têm todos os instantes do mundo para o prazer. Ocorre também que um ou outro pode não se sentir com vontade de fazer sexo. Ou só um queira. O desejo então entra em luta com a inapetência.

O que tem relacionamento com mulher casada ver-se-á privado de qualquer atuação. Saídas de casa precisam de explicação. Deteriora-

-se. É verdade que sempre se dá um jeito. Mas não com a frequência desejada. A mulher que tem amante casado igualmente ficará frustrada, especialmente se o marido não a atraia por qualquer hipótese.

O vírus obriga à abstinência.

Nada como o relacionamento rosto a rosto. O olhar enigmático que transmite mensagens nem sempre captadas. O toque sensual da pele. O encontro físico a despertar os instintos. Controlá-los? Quem pode? O desejo, quando aflora, transpira, desborda dos sentidos animalescos. Exsuda. Poreja. Extravasa para além qualquer racionalidade.

Contudo, não mais o toque de pele. Não mais dedos que se cruzam. Que se apertam. Não mais um beijo entreaberto com troca de línguas que se buscam sofregamente. Depois, o desnudar. Seios rijos a pedir carinho. Não mais a união dos sexos, a penetração, o gozo instantâneo e perpétuo. Não mais o furor. Impossível descrever.

Aqueles que têm desejo pelo mesmo gênero também não têm escolha. A distância obrigatória e a solidão fazem arrefecer a atração. Um esbarrão, um olhar mais atento despertam sensações inolvidáveis. O olho dilata. Fica-se ofegante. O objeto de satisfação está próximo, mas distante.

A sensação entre mulheres é mais sutil. Como não há penetração, as sensações são mais sensíveis. O aflorar de rostos, de mãos, de carinhos, o esfregar de pele, tudo faz que o relacionamento seja monumental. Os olhos se fecham e o tato passa a ter todas as sensações.

29.

O que dói é a arrogância dos bem-sucedidos. Indiferentes, acham que o problema não é com eles. Viram as costas sem fazer a pergunta crucial: O que tenho a ver com isso? Todos têm a ver. O problema é de todos. Vivemos em coletividade e a pandemia atinge todos. Próximo ou não. Vai pegando como jogo de dominó ou de cartas empilhadas.

– Não tenho nada com isso!

Nesses momentos, todos têm que ajudar. Sair de sua zona de conforto e aproximar-se dos demais.

Solidariedade é a palavra-chave. O carinho. Não desviar o olhar. Abrir o coração cujo pulsar revela o outro. E o outro corresponde com um olhar. Você já viu um olhar de humildade? Olhar profundo, sem objetivo. Perdido no espaço. Sem rumo, em busca de um sentido. É apenas a vida nua, como diz Agamben. Mas simplesmente viver por viver. Comer por comer. Olhares perdidos no espaço e no tempo.

Já se disse que a fome é a mais afiada das espadas. Ela provoca reações súbitas e instantâneas. Daí nascem as revoluções. O desencanto da fome leva ao desencanto com tudo mais. Especialmente com o Estado, os burocratas, juízes, promotores, políticos. A fome derruba governos. É o que há de mais pavoroso para o ser humano.

Sem contar quando esse trapo olha não só para si, mas para seus filhos e sua mulher. Ao vê-los inermes e sem comida, o ódio se agita e enseja os mais tétricos pensamentos.

Quando se chega a tal ponto caem os governos. Mortes e devastação infestam países e regiões. O sangue que advém da fome assim se justifica. É a mais brutal das provações.

Parece que há indiferença em relação a isso. Pondera-se que não se pode gastar muito por causa de problemas financeiros e de caixa. Ora, isso é secundário. O que vale é manter a vida. Só depois se pensa na recuperação econômica. O mais importante é salvar vidas, tal como prescreve, aliás, a Constituição Federal. Sem vida não há emoção. Sem ela, desmorona-se o Estado.

Michel Foucault bem disse que o Estado existe para preservação da vida; não para matá-la.

A solidariedade é o sentimento mais nobre e eficaz para enfrentar a situação atual. Caso contrário, de pouco vale o futuro se é o hoje que importa.

30.

Gerson sentava-se todos os dias junto à janela do seu apartamento. Era um imóvel pequeno, o suficiente para a pequena família. Ele, a mulher, Maria, e um filho, Ricardo. Gerson, Maria e Ricardo formavam um grupo bastante homogêneo. Ele era estudioso. Gostava de ler e escrever, e trabalhava numa livraria. Era auxiliar da diretoria. Cuidava da compra e da consignação de livros. Maria trabalhava com marketing em uma empresa, e Ricardo estudava administração.

Com o fechamento da livraria, da empresa de marketing e da faculdade de Ricardo, os três viram-se compelidos a ficar em casa. Seria uma travessia difícil, imaginava Maria. O relacionamento era bom. Ricardo ficava parte do tempo fora de casa, o que ajudava no distanciamento e na aproximação, não aborrecendo em casa com sua vida de adolescente querendo ser adulto.

Agora, era o período mais difícil. Não podiam sair. Sequer tomar sol. Prática de esportes nem sonhar. Quando muito pela manhãzinha, de máscaras, faziam uma caminhada. Ricardo às vezes corria. Após a caminhada, retorno à casa, banho. Cada um ia se entreter com alguma coisa. Gerson ainda trabalhava para a companhia em relação a estoques. Mas, para que cuidar disso se a livraria estava fechada e as editoras haviam parado de trabalhar?

Maria também. Mas fazer marketing para quem? Se não podiam produzir nem vender. Passava a maior parte do tempo cuidando da casa. Cozinhava e limpava. Gerson dava uma ajuda e Ricardo também. Mas, convenhamos, nada disso era do agrado deles.

Ricardo conseguia estudar alguma coisa. De má vontade. Vivia ao celular falando com amigos e amigas, trocando informações e assistindo filmes que indicavam.

Gerson era o que mais sofria. Tinha um grupo de amigos com quem gostava de se reunir. Roda de brincadeiras, bebidas, prosa jogada fora. Ricardo ficava indócil sem ter o que fazer. Por vezes apanhava um livro, folheava algumas páginas, lia o título dos capítulos, procurava alguma graça, mas o tédio tomava conta e a preguiça dominava.

Enfim, não era uma família muito unida, e a pandemia veio agravar o relacionamento.

Gerson ficava, quase que o dia todo, em frente à janela do apartamento. Olhava a rua. Apenas se via um canto de esquina onde passavam as pessoas. Não tinha visão direta. Uma nesga de visão lhe propiciava horas de divagação. Imaginava as pessoas. Via o sol bater por alguns instantes naquele pedaço de rua. Por vezes nuvens cobriam sua visão. Gostava mesmo era de ficar olhando o nada.

Ele imaginava se o coronavírus conseguiria saltar da rua para seu apartamento. O que faria? Chamaria seu filho para ajudá-lo na expulsão do intruso. E aquele careca passando pela rua, o que ia fazer? Parecia apressado. É verdade que não pode medir bem seus passos porque o cantinho era bem estreito. Pareceu-lhe que ia com pressa, mas será que ia mesmo? Também viu uma senhora de idade caminhando penosamente, apoiada numa bengala. Meio encurvada parece que se dirigia ao mercado ou vinha dele. Não sabia bem. Parecia simpática. Caminhando lentamente à procura do nada? Sem rumo certo? Ia ao mercado apenas para preencher o tempo.

Um menino passou com uma bola debaixo do braço. Aonde ia? Não ia a lugar algum. Todas as quadras esportivas estavam fechadas. Os parques também. Por que ia tão depressa, batendo a bola no chão como jogador de basquete?

O que mais chamou sua atenção, no entanto, foi um casal. Vinham emburrados. Ela parecia desconsolada. Ele procurando dar explicações. Do quê? Gerson supôs que o rapaz havia traído a moça. Ela estava muito emburrada e ele tentava se explicar.

O jovem falava e gesticulava. Fazia cenas com a mão; ensaiava uma peça de teatro? A jovem não aceitava. Dentro da mesma "cena de teatro" ela negava tudo que ele falava e cobrava mais explicações. O jovem insistia. A jovem não aceitava. O jovem buscava novos argumentos. A jovem desacreditava.

A cena durou cerca de meia hora. Era um ensaio teatral? Quem sabe eram artistas indo para o ensaio? Fingir simplesmente o que se passava na vida real ou na peça de teatro. Naquele pequeno espaço em frente à janela de Gerson se passava uma vida, um recorte dramatizado de alguém. Poderia ser um ensaio. Uma pantomima realizada por seres imaginários ou reais dentro do drama.

– Os jovens pareciam tão reais. Por que mentiriam para mim?

Apareceu um cachorro e urinou no pé do jovem, que ficou bravo e fez menção de chutá-lo. Mas ficou com dó. Mas a marca e o cheiro do cachorro ficaram nele, com o pé encharcado. Tentou achar uma folha de jornal para limpar, mas a rua estava inacreditavelmente limpa. Será que a prefeitura estava trabalhando ou era só naquele trecho onde Gerson via a vida passar.

Já não se importava com a mulher e o filho. O que valia a pena era ficar na janela, naquele cantinho, olhando a rua. Era tudo de que precisava. Nada de vender livros, comprá-los ou lê-los. O que importava era ficar ali. Por vezes se incomodava e mudava de posição. Ficava de pé, de vez em quando, para ver melhor se algum vizinho aparecia em alguma janela. Mas ficava sentado no braço de uma poltrona olhando para a rua.

O cantinho da janela, agora, era a sua vida. A estreiteza não permitia ver muito. Como seu trabalho e sua vida, dos quais era participante ativo. Naquela janela, ali, ele só observava e podia fazer qualquer juízo sobre qualquer pessoa. Era soberano. Ele decidia o que pensar e agia como lhe aprouvesse. Ninguém dava palpite. Ele era o rei. Podia mudar a vida dos outros. Pouco importava quem era a velha ou o casal de jovens. Ele decidia sobre todos. Era onipotente.

De outra feita passou pelo cantinho da janela um homem bastante alto segurando um cachorro. Fumava um cachimbo. Ele, não o cachorro. Ora, que ideia! O cachorro defecou bem em frente à janela. Que desaforo! Aquele era o seu mundo, seu canto, seu império. Como o cachorro ousava fazer isso em seu reino? Mas o senhor logo acorreu com um plástico e recolheu as fezes.

Seu sonho ficara manchado pelas fezes do cachorro. Seu reino estava sujo. Maldito cachorro! O reino era tão lindo. Cheio de fadas, ogros, duendes e anões. Tudo enfeitava o cantinho da rua de Gerson. Não havia nada que o perturbasse. Ele dominava. Podia dar qualquer explicação para qualquer pessoa que por ali passasse. Até anjos estavam ali. Vestidinhos de branco e tocando harpa. Em seu reino, Gerson podia fazer o que quisesse. Nuvens passavam, mas ele as afastava, pois o sol lhe permitia que decifrasse as pessoas.

A região não era rica. O que importava? O cantinho da sua janela tinha de tudo. Pessoas passando, casas, banca de jornal, farmácia, padaria, mercado, lojas e uma porção de escritórios. Poderia até ser a Quinta Avenida ou a Avenida Paulista. Nada era tão lindo como o cantinho da janela de Gerson.

Seu pensamento não tinha limites. Voava livre por todos os espaços. Não havia ditadores nem autoridades a dar ordens. Ele é quem decidia tudo. Era sua imaginação que escolhia quem passava, e o que ele decidisse era o que elas eram. Podia fazer delas rainhas, reis, arautos, campeões. Mas não podia haver nenhum imperador. Este, só ele. O imperador era maior que tudo. Absoluto. Determinava as histórias da vida dos outros. Mudava. Alterava. Podia fazer as pessoas trabalhar. Estudar. Jamais queria que fossem escravos, súditos ou trabalhadores sem direitos.

Em seu império prevalecia sempre a beleza, sobretudo a arte. Quadros maravilhosos, esculturas perfeitas representando o mundo daqui e do além. A arquitetura era bizantina, de que mais gostava. Bastava ver as igrejas. Deslumbrantes. Por fora e por dentro. Pena que eram para adorar deuses inexistentes. No seu império não haveria qualquer deus. Não haveria outro mundo. Só aquele em frente a janela.

Todos se respeitariam. A velha que passara defronte sua janela não teria mais idade. Era eterna. Seria curada de seus males. Os jovens viveriam apenas para interpretar. O menino teria muitas bolas e jogaria à vontade. O senhor do cachorro poderia fazê-lo mudar de pelo se não o quisesse permanentemente preto.

Tudo mudaria num passe de mágica. Gerson imaginava como seria feliz com tudo aquilo se pudesse mudar a vida das pessoas bastando usar o pensamento. Mas uma coisa era sua utopia; outra era a realidade dura que podia ver apenas por um pedacinho da sua janela.

De repente Gerson se deu conta de que estava fora de seus pensamentos. Estava se vendo de fora para dentro. Mudara rapidamente para se sentir apenas de carne e osso. Sozinho, da sua janela, via um outro mundo. Acordado tinha que voltar ao seu, sem qualquer utopia.

Voltou-se para si e olhou para um espelho, no qual se refletia um império. Era um apartamento pequeno, com filho e mulher. Uma sala mínima com uma janela para um cantinho de rua. Só isso. Lá fora, o coronavírus era a realidade. Não podia fugir dela.

Oh! Betelgeuse! Nem você pode dar um jeito na vida do Gerson e fazê-lo imperador?

31.

– Nossa, que aroma forte e gostoso está aqui dentro de casa – falou Rose.

– Querida, não há nenhum cheiro aqui dentro. Não estou sentindo nada.

– Ora, Túlio, será que você não tem olfato? Não percebe que aroma maravilhoso penetra em nossa casa e invade nossas narinas?

– Não sinto nada. Você está inventando coisas.

Era estranho como os homens não sentem as coisas como as mulheres. Os homens são brutos. As mulheres são mais perspicazes. Como é possível não sentir o aroma? Não o cheiro, porque tem sentido pejorativo. É o mesmo que colocar o nariz na borda de um copo de vinho e exclamar: "Que cheiro bom!". Não há cheiro, mas aroma.

O mesmo ocorre com os perfumes que estão no ar. Basta captá-los. Será que não se sente na natureza o sândalo? O patchuli? A lavanda? A gardênia? Você nunca passou à noite perto de uma árvore da dama-da-noite? É de encher os pulmões. Embriagar-se nessa maravilha.

Homens não têm sensibilidade para aproveitar os momentos. Passam pela árvore e nem a vêm. É apenas um objeto de decoração.

A casa em que moravam era simples, Túlio não valorizava muito o ambiente. Sempre reclamava da pequenez dos cômodos, de que não tinha espaço para nada, o sofá era muito velho, já não sentia prazer naquilo tudo. Morava, simplesmente morava, sem sentir, inclusive, a presença da mulher.

Rose era diferente. O nome já continha perfume. Moravam no mesmo ambiente, mas cada um o via de uma maneira. Ele, a estreiteza do espaço. Ela, a amplitude dos aromas. Sempre via positivo onde ele via negativo. Ele sentia o espaço exíguo; ela, a vastidão dos sentimentos.

Para onde ela ia, no quarto, na sala e na cozinha, sempre curtia um aroma diferente. Na cozinha era a canela, o limão, o eucalipto, o café, o cravo. Com isso, sua alma se elevava. Túlio era diferente. Com a pandemia, obrigado a permanecer em casa, amaldiçoava o dia em que o governador mandou fechar todo o comércio. Como ficaria sem seu bar preferido, a ausência dos amigos, o bate-papo de domingo em algum lugar para falar nada, apenas bebericar uma cerveja. Tudo sem poesia.

Rose cheirava os filhos. Sentia-os como verbena e pitanga. Trocava, por vezes, o aroma de um pelo de outro. A filha cheirava a rosa e o filho a madeira. Ambos eram carinhosos e afáveis. Túlio não os sentia. É verdade que brincava com eles de vez em quando. Nunca se preocupara com as lições de casa deles. Aboletava-se na sala, ligava a televisão, punha uma cerveja ao lado e ficava ali horas a fio. Nenhuma palavra. Nenhum carinho. Nenhum olhar.

Rose sentia no filho diversos aromas. Não era só um filho. Era como o via e como o sentia. Ao se aproximar, ele tinha cítrico em seu âmago. Não por ser resistente, mas por ser um pouco agressivo. Um pouco de gengibre em sua formação dura. Cedro compunha seu caráter. Era um filho distante. Bom, cordato, mas, seguindo o pai, era de pouca conversa.

A filha era dócil, cheia de dengos, sorrisos, simpatia. Quando estava com ela, Rose imergia num mundo de jasmins, chocolate e caramelo, perfumes fortes, mas carinhosos, um mundo de nuvens, cânticos angelicais e paz.

Como era possível no mesmo espaço que dois seres sentissem emoções tão diversas?

Aí é que estava a diferença. Viver, para ela, era sensibilizar-se com a alegria da vida, que era dada pelas flores que espargiam seus aromas por todo o apartamento. Túlio nada via, ouvia ou sentia. Embrutecido na frente da televisão.

Rose estava sempre enlevada. Cuidava dos detalhes da casa, dando a cada um toque de uma flor. Ela nunca fora ao Japão para contemplar o jardim das cerejeiras, nem assistira à peça de Tchekhov, mas sentia a beleza dessas árvores. Vira, uma vez, na televisão, o jardim com cerejeiras. Estar no meio delas deveria ser o máximo da sensação

Sua alma não era do mesmo barro da de Túlio. Era sensível. Pura. Límpida, conseguia fazer a vida mais leve para todos. Sua alegria tinha cheiro de caramelo. A lavanda da cor de seus olhos. As lágrimas que por vezes corriam em seu rosto eram pedacinhos de pérolas. Raspadas e ali colocadas. Eram o produto nacarado das ostras.

O sentimento profundo que estava em sua alma não tinha aroma. Apenas asas de anjo que vibravam em seu redor.

32.

Quando se fica em casa em época de pandemia não há o que se fazer com o tempo. Habituamo-nos a dosá-lo. Não o sentimos. Ele passa.

O que é o tempo? Nas *Confissões*, Santo Agostinho diz que sabe o que é o tempo; "Mas se me perguntam e eu quero explicar, já não sei". É simplesmente a passagem do sol pela manhã e da lua à noite?

Uma coisa é certa: há o infinito. Nele o tempo existe de outra forma. Para a eternidade dos deuses o tempo não passa. Na Antiguidade grega, os deuses eram eternos e o tempo não passava, porque eram imortais. Na *Odisseia* de Homero, Calipso propõe a Ulisses (Odisseu) a eternidade e "serias imortal".[33] Em seguida, Ulisses compara Penélope com a deusa e diz: "Ela é uma mulher morta; tu és divina e nunca envelheces".[34]

Em nosso mundo, no entanto, o tempo passa. Temos *consciência* disso. É ela que pode captar seu sentido. O *coração* tem outro tempo. Há o tempo da saudade que não passa. Há o tempo da angústia que se revolve. Há o tempo do amor que persiste. Há o tempo da raiva que passa. Há o tempo do desamor que vem rápido.

Há necessidade de definir o tempo? Não. Nós simplesmente o sentimos. O tempo é. Mas e o que já foi? Ora, o passado para nós só vem pela memória. O futuro é outro tempo que ainda virá. Não vivemos no passado nem no futuro. Só o agora. Mas, quando digo o agora, ele já não é. Já foi. Claro, podemos atribuir um sentido ao passado. Pode nos atingir até hoje. O futuro, podemos temê-lo ou querê-lo, mas ainda não é.

---

33 HOMERO. *Odisseia*. São Paulo: Ed. Penguin, Cia. das Letras, 2014, p. 212.
34 *Idem*.

O ser é ser no tempo. O vírus é agora. Ele está no meio de nós. Já fez estrago no passado e pode fazer no futuro, mas é agora que está aqui.

Aristóteles o define como o número do movimento segundo o antes e o depois. Há um movimento no antes e no depois. Este é o tempo. Todo lapso de tempo está entre um e outro.

Insisto: há um passado e um futuro. Entre eles está o presente. Todos esses tempos estão em nosso espírito

É o tempo que existe para nós ou nós é que existimos para o tempo? Existimos no tempo. Na fenomenologia há o tempo do presente. Na justiça reconstituímos o passado para analisar um fato no presente.

Há um tempo *objetivo* e um tempo *subjetivo*. O tempo existe no mundo? Ou em nós? O tempo está aí, passando. No direito, o tempo alcança situações e relações jurídicas, instituindo-as ou as extinguindo. A usucapião é demonstrativa. Cria ou extingue direitos. É objetiva. O tempo no processo é objetivo. Mas é também subjetivo, na medida em que cria direitos ou libera para que os direitos fluam. Por exemplo, no alcance da maioridade, há a plenitude dos direitos. Pode ocorrer a antecipação da maioridade com a emancipação. É o tempo subjetivo funcionando. Por outro lado, há prazos que passam com o tempo. Perda de prazo, inércia processual.

Sartre diz que "a temporalidade é sucessão".[35] "A ordem 'antes--depois' se define, antes de tudo, pela irreversibilidade".[36] O tempo independe de nós.

Se somos no tempo, este tem que existir fora do sujeito. Se o tempo independe do sujeito, não pode ser subjetivo.

---

35 SARTRE, Jean-Paul. *O ser e o nada*. 18. ed. Petrópolis: Vozes, ano 2009, p. 184.
36 *Ibidem*, p. 185.

Estamos no mundo em determinada época, isto é, estamos em determinado tempo. Pouco importa se no Brasil-colônia, império ou república. Simplesmente estamos. O período histórico é irrelevante.

Assim, o tempo é o presente. É eterno, mas passa sucessivamente. Ademais, como diz André Comte-Sponville, "se o tempo é o presente, como creio, é portanto também a eternidade, é portanto também o ser – o que chamo *ser-tempo* – é portanto a matéria, é portanto a necessidade, é portanto o ato".[37]

É o tempo cósmico relativo; depende da expansão do universo.

O tempo depende de nós. Como o sentimos. Como o partilhamos. O tempo está fora de nós, mas faz parte de nós. Assim, o ser não é tempo. Ele está no tempo. É que mudamos a todo instante, como disse Heráclito. Nossa pele hoje não é a mesma de ontem nem será a de amanhã. Ela é hoje. No tempo de hoje. Mas não é o tempo. Passa-se nele.

Posso tentar segurar o tempo, mas ele se esvai. Flui entre meus dedos. Foge. Alcança outros amanhãs.

Qual é o tempo do vírus? É o tempo dele ou o de nossos cientistas e políticos? Quem é o senhor do tempo? Não me venham com respostas religiosas. Não funcionam. Logo, temos que dominar o vírus e fazer nosso tempo.

Com tempo livre, não tendo obrigação alguma, podemos pensar sobre o tempo. Que tal o tempo do amor? O tempo da convivência? O da raiva? Deixe-a passar.

O importante é fazer o *seu* tempo. Não pense que ele está fora de você. No amor, o tempo é infinito. Pelo menos enquanto dure, como disse Vinicius de Moraes.

---

[37] COMTE-SPONVILLE, André. *O ser-tempo*. São Paulo: Martins Fontes, 2006, p. 139, grifo do autor.

33.

Outro dia fui trabalhar de metrô. Por força da pandemia e por causa da baixa procura pelos transportes, em face da campanha "Fique em casa", não eram muitos os passageiros. Tudo estava em ordem e o vagão bem limpo.

Curioso era notar as pessoas entrando e saindo. Algumas cabisbaixas, como se fizessem enorme sacrifício ao ir para o trabalho. Outras, de máscaras, o que fazia que só se visse seus olhos. Algumas entravam apressadas, fruto da correria a que estavam habituadas. Mesmo com menos gente, mantinham o ritmo anterior. Poucos homens de terno, o que revelava que todos estavam em *home office*. Escritórios estavam fechados. Viam-se poucos advogados, que são os que andam, normalmente, de terno. Algumas mulheres usavam salto alto, o que significava que iam para algum serviço fora de casa. Outras usavam sapatos sem salto, mas portavam uma maleta. Provavelmente com roupa para troca quando terminassem seus afazeres.

Poucas crianças acompanhavam os pais ou responsáveis. Sempre de mãos dadas para não fugir nem ficar soltas. Era imprescindível manter a distância. Ninguém conversava com ninguém, e todos procuravam manter distância do seu vizinho.

Era o terror da proximidade da doença que exigia tal comportamento. O que era feito de apertos de mão, abraços e sorrisos? Tudo se reduzia a olhares.

Foi nesse instante que cruzei meus olhos com os de uma jovem que adentrara o vagão. Olhar fulminante. Recíproco. Pena que não podia ver os lábios porque estes, tanto quanto os olhos, sempre traem um sentimento oculto. Talvez um muxoxo de rejeição. Mas quem sabe um sorriso de, ao menos, simpatia. Já bastaria para encher o coração. O metrô não parava. Seguia seu rumo e eu tentava detê-lo, ao menos para olhar com mais insistência aqueles olhos negros.

Fiquei extático. Os olhos dizem muito quase tudo. Foi concordância o que senti naqueles olhos negros. Em seguida veio o olhar de confirmação. Você nunca pode se iludir com o primeiro olhar. Ele pode ser apenas de reconhecimento do espaço. Se vier acompanhado de um suspiro, bem, aí podemos nos iludir um pouco mais com o primeiro olhar. Ele pode ser de cautela. De pudor. De medo. Há muitas hipóteses.

No segundo olhar percebi algo mais. Conhecer melhor o terreno onde se pisa. Ainda não é hora de investida, especialmente quando estamos ambos de máscaras, que podem ocultar um rosto diferente do que se imagina. Não dá para arriscar.

Veio o terceiro olhar, maroto, sorridente (ainda que não conseguisse ver sua boca, tinha certeza de que era de concordância). Já não podia mais disfarçar nem deixar de iniciar uma conversa.

Ela fez um sinal com a cabeça. Não dava mais para duvidar. Olhar sôfrego de quem chama o outro. Olhar indisfarçável de ternura e concordância. Era uma aproximação etérea. Uma paixão fulgurante que nascia? Desejo de um contato físico? Não, não me compreendam mal. Apenas um roçar de dedos já me satisfaria, ou um roçar de braços, um toque sutil acompanhado de um sorriso.

Tudo fazia parte da arte da conquista. Não só do meu lado, mas do dela também. Era recíproco, o que aquecia e tornava as coisas mais e deliciosas, exigindo uma aproximação romântica.

Levantei-me para a ela me dirigir. Os olhos continuavam me fitando. De desejo ou de simpatia apenas? Quem sabe? Quem pode adivinhar o que há no recôndito de uma mulher apenas pelo olhar? Se quando a temos de corpo todo, quando podemos analisar todos os seus movimentos, a mulher é uma impenetrável esfinge, imagine um mero movimento de olhos! Será que ela pode confundir com assédio?

A linguagem corporal é mais sensual e envolve mais aproximação. Pode haver uma sinalização mais efetiva e significativa. Mas, só pelos olhos, quem pode adivinhar alguma coisa?

De repente ela também se levantou. Súbito o trem parou. Fiz menção de ir até ela. Desespero! Ela simplesmente desceu e foi embora, sem sequer um gesto de adeus. Deixou-me uma saudade imensa!

34.

Certa vez estávamos olhando a lua. Ela apareceu pela fresta da nossa janela. Era inacreditável. Normalmente, vê-se a lua quando se está no interior, porque as luzes das grandes cidades anulam sua claridade.

Ali estavam só familiares. Não era o momento romântico de um casal enamorado. Era uma família, minha mulher e meus três filhos. Dois meninos e uma menina. Helena, Antônio e Bernardo. Era uma união como outra qualquer, com seus problemas e soluções. Todos estudavam. Agora, era pela internet, do outro lado do vídeo os professores explicando e indagando.

Era quase noite. Eles quase tinham terminado as lições. Eu e minha mulher iniciamos um quase namoro. Estava quase na hora do jantar. A comida estava quase pronta. Mas a lua não estava no quase; mas inteirinha com seus gnomos, anões, fadas e sacis que bailavam e acenavam para nosso desfrute.

Era um círculo gigantescamente branco cheio de desenhos indecifráveis. Uns viam um nariz, outro uma boca, outros um cavalo, e assim iam discutindo o que a lua continha. As crianças não a viam como conexão de amor. Olhavam-na apenas por seu lado estético. Belíssima. Branca como suas almas.

Apenas Antônio, apesar de ser chamado, não a olhava com atenção. Tinha seu pensamento preso em um jogo eletrônico. Bernardo via uma bola dentro da lua. Helena romantizava seu olhar, ainda sem sonhos mais sutis.

Todos, no entanto, a olhávamos embevecidos. O vírus nos proporcionara olhar a lua. Ele nos retirava da rua mas nos dava a lua. Não havia as aulas presenciais, mas tínhamos a presença da lua. Ela nos olhava estarrecida porque a olhávamos. Ela não estava mais habituada a ser admirada. Ficou toda vaidosa.

Antigamente os deuses se rebelaram e pediram a Zeus que criasse os seres humanos porque queriam ser admirados, queriam reverências, queriam adorações. Sentiam-se abandonados. Zeus mandou Prometeu e Epimeteu para a terra e lhes disse que distribuíssem aos seres humanos inteligência para que orassem pelos deuses.

A vaidade foi satisfeita e todos ficaram agradecidos por se sentirem de novo solicitados e admirados. Passaram então a participar da vida dos humanos, interferindo em sua história. Então resolveram pôr a lua em cima da terra para que espiasse os humanos e se mostrasse em toda sua beleza. Todos ficaram gratos, deuses, homens e mulheres.

Versos, poemas, romances, todos endereçados aos deuses teriam que passar pelo julgamento da lua. Ela diria da beleza dos escritos. Ela escolheria os melhores e os transmitiria aos deuses. Só coisas lindas. Os deuses só queriam a beleza.

A lua era como uma intermediária entre o humano e o divino. Era o caminho que todos encontravam para falar com os deuses. A terra era azul e a lua, branca. Ambas caminhavam pelo universo. Mexiam-se como se mexem os sentimentos humanos.

Ninguém compreendia o papel da lua no cosmo. Ela era a intermediária, já disse, entre o humano e o divino. Seu papel era filtrar os sentimentos e levá-los para julgamento dos deuses.

Naquele dia vimos a lua em todo seu esplendor. Estava divinamente branca e sorridente. Os deuses estavam felizes. Já os seres humanos pareciam desencontrados. Todos fugiam do vírus. Muitos não conseguiam e eram chamados. Não havia ordem. Era um tumulto. A lua estava magnífica, mas, como intermediária, estava levando as almas que os deuses mandavam recolher.

Oh! Lua maldosa, tão linda! Por que se presta a esse trabalho mesquinho? Por que não deixa as pessoas mais um tempo aqui? Elas irão, mas de forma mais digna. Depois de se despedirem de seus amigos e entes queridos.

Oh! Lua maldosa! Não cumpra esse mandado dos deuses. Deixe que se zanguem com você. Mulheres lamentam, homens choram, crianças não entendem. Expliquei para os três filhos por que o vírus tinha vindo. Eles entenderam, mas ficaram tristes.

Oh! Lua maldosa. Juro que eles viram São Jorge e o dragão. Antônio até ameaçou uma lágrima. Helena escondeu o rosto e Bernardo soluçou. Todos sentiram você ameaçadora.

Oh! Lua maldosa! Só a Marilene tentou uma explicação. Disse que era assim mesmo e que tínhamos que entender o que você estava fazendo. Coleta das almas.

Oh! Lua maldosa! Hoje quem gosta de você é só o casal de namorados escondidinho ali na esquina porque olha para você, mas pensa neles. Não estão preocupados com sua maldade, só com os raios que iluminam o seu amor.

35.

A mãe tentava acalmar os meninos. Em tempos de quarentena restava-lhe ficar em casa com três crianças. O pai tinha ido morar com outra mulher. Apaixonara-se, envolvera-se com Míriam e, embora pagasse regularmente a pensão dos três, ficava o encargo de cuidar deles. Ele morava com Jamila em um bom apartamento de três quartos em bairro nobre. Para a ex sobrara o pequeno imóvel que era do casal. Um quarto e sala razoável, com 50 metros quadrados, para moradia de um casal. Agora, com três crianças e a mãe dormindo todos juntos, a proximidade era dura.

Com a decretação da quarentena e o fechamento das escolas, sobravam os 50 metros, menos ainda, só a sala, para que todos se acomodassem e convivessem. No quarto ninguém queria ficar salvo da menina que, de vez em quando, ia para ali ouvir música. Ninguém da família era ligado a isso, mas Joana adorava *rap*. Curtia as letras. Ouvia todos os MCs. Gostava quando criticavam o governo.

Os dois meninos, com sete e nove anos, eram o problema. Viviam aborrecendo Joana, com implicância declarada por seus hábitos. Ela parecia viver em outro mundo. Quase autista. Vivia ensimesmada. Pensava, pensava, por vezes escrevia alguma coisa. Nada de literatura. Frases soltas, no mais das vezes sem sentido.

Luiz e Tiago não paravam de infernizar a família. Qualquer coisa era motivo de atrito.

– Eu peguei o brinquedo primeiro. Ele é meu.

– Será que vocês não podem brincar juntos? – indagava Míriam.

– Não, ele tem mania. É só eu pegar um brinquedo que ele quer pegar também. Comecei a montar o quebra-cabeças e ele fica desmanchando as peças que já encontrei.

– Luiz, por que você faz isso?

– Mentira, mãe, eu peguei primeiro.

Era assim o dia inteiro. Se Tiago ligava o computador para assistir a algum filme, tipo *Flash*, Luiz queria sintonizar outro canal. Eram desencontros sem fim.

Míriam trabalhava, vivendo de fazer coxinhas, empadinhas, minipizzas que vendia. Até que tinha uma boa clientela. Os vizinhos a todo instante traziam pedidos. Ela ficava a maior parte do tempo presa na cozinha.

A vida não estava fácil para ninguém. Embora o marido pagasse a pensão dos filhos, o dinheiro não dava para tudo. É verdade que era pontual. Mas as despesas eram grandes, não apenas com escola, remédios, livros, alimentação. Tudo aumentava. Os meninos rasgavam roupas a toda hora e ela tinha que costurar ou comprar novas. Sem empregada, tinha que cozinhar, lavar, passar e limpar o apartamento. Nisso abençoava que não fosse tão grande. Mas toda aquela faina era dura.

– Manhê! Olha o Tiago.

Lá vinha a gritaria, um dando tapa e chute no outro e recebendo de volta. Por vezes, Jamila intervinha. Como era um pouco maior, mas vivia em seu mundo da lua, nem ela aguentava a gritaria. Vinha para separar os irmãos que estavam engalfinhados. Era comum sobrar uma canela arroxeada, um braço marcado por beliscão ou um arranhão na cara.

Você sabe como é. Três crianças num apartamento pequeno. A mãe totalmente ocupada com a cozinha. Pela manhã, era o horário de escola dos três. Os professores despejavam questões e procuravam deixar as crianças ocupadas. Tiago gostava de história e se deliciava com a do Brasil.

Como fazer para ajudá-los? Gostava quando Jamila a chamava para ajudá-la com a compreensão dos movimentos artísticos. Adorava o barroco. Não sabia por quê. Mas tinha curiosidade de como os homens podiam transformar a realidade. Como podiam pensar outros mundos. Como viajavam na beleza de suas pinturas e esculturas. E a poesia, então? Que maravilha era a rima. Adorava especialmente Álvares de Azevedo. Seus versos eram duros, mas reais. Não havia sonhos. Sentimentos fugidios não existiam. Era o enfrentamento do mundo perdido.

No período da manhã tinha algum tempo para se dedicar às crianças e com elas se divertir um pouco. Procurava ter bom humor e ser compreensiva, porque se lembrava da sua infância. Como havia sido dura. Não tinha contado com pai nem mãe, nem irmão tinha. Só a avó que lhe propiciara alguma alegria. No mais, dureza. Acordar cedo, ir para a roça, ajudar a capinar; depois, comer alguma coisa no próprio campo e à tarde recolher o algodão que havia sido plantado. À noite estava exausta. Não via a hora de se deitar. No chão, sobre um acolchoado. No mais das vezes um pernilongo vinha fazer-lhe companhia.

Agora tinha sua casa e seus filhos. Sem marido. Ainda bem que aquele traste tinha ido embora. É verdade que a largara com os três filhos. Ele está na boa, pensava. Tem a mulher que escolheu, largou os filhos, paga pensão e vive do jeito que quer. Vai a restaurantes, viaja. Enfim, sem aborrecimentos. Ah! Deixa para lá. Dou conta dos meus filhos. Eles serão alguém no futuro.

Manhê! Olha o Tiago. Beliscões, gritos, tapas, caneladas. Lá ia ela correndo para separá-los. Cara arranhada. Certo dia Luiz acertou um pontapé bem na canela de Tiago. Doeu muito. Ela passou mertiolate no machucado. Pôs gelo e o colocou na cama.

– Luiz, você viu o que fez?

Sua cabeça parecia estourar. Sempre às voltas com as encomendas que recebia. O dinheiro era escasso. Embora não aguentasse as brigas, compreendia o comportamento das crianças. Seus olhos, só olheiras. A quarentena não admitia alternativa. Era ficar ali, presa. Com as crianças. Com o trabalho infindável.

Jamila seguia em seu caminho de atriz ou de poetisa, sei lá! Ela vivia num mundo particular. Por vezes se incomodava com os irmãos. Mas fazia de conta que não era com ela.

– Luiz, você fica de castigo! Vá para o quarto e fique lá!

Oh! Que inferno! Tantas coisas por fazer e eu aqui fechada com os três. O único momento em que ficam quietos é quando estão na frente do computador vendo algum filme ou praticando jogos eletrônicos. O que mais posso fazer?

Às vezes sua mãe a chamava ao telefone. Ela morava no interior, velha e com dificuldades de locomoção. O pai já morrera. Ainda guardava lembranças da roça na distante Monte Aprazível, cidade próxima a Rio Preto. Sua mãe não podia acudi-la. Ainda que pudesse, onde iria colocá-la? Tinha que enfrentar tudo sozinha.

– Manhê!

– Ai, meus Deus! Outra vez! O que foi agora?

– O Tiago pegou meu lápis.

– Tiago, dê o lápis para ele.

– O lápis não é dele. A professora que me deu.

– É, mas ele estava com outro lápis. Quando eu peguei o vermelho, ele veio em cima. Ele já tinha um lápis. Porque não deixar o outro comigo? Eu queria pintar.

– Tiago, não dá para entregar o lápis para ele?

– Não! O lápis é meu.

– Luiz, vá fazer outra coisa. Não tem tarefa da escola para fazer? Vá conversar um pouco com a Jamila ou fique no quarto vendo televisão.

Quais as alternativas? Um vazio de possibilidades. Quatro paredes e quatro pessoas. Cada qual com seus problemas. Era isso todos os dias, todas as horas, todos os minutos, todos os segundos. Era de endoidecer. Gritos, brigas, caneladas, tapas. Meu Deus, quando isso vai terminar?

A quarentena ainda estava no seu pico. Nada indicava que as crianças fossem voltar às aulas. Aí teria sossego. Eles iam para a escola bem cedo e à tarde vinham cheio de tarefas. Um estudava na cama, outro na sala, e Jamila ficava com seus sonhos. Pela manhã ela tinha tempo para cozinhar, livre de gritos, tapas e caneladas. Aí tinha tempo de pensar um pouco como seria seu futuro. Não junto com as crianças, mas sua vida pessoal. No que tocava a sua família sabia o que e como seria. E ela? Com 40 anos ainda era jovem e bonita. Tinha um corpo elegante e sensual. Seu rosto era razoavelmente bonito, embora já fossem visíveis algumas rugas. Também alguns cabelos brancos. Mas sentia-se jovem. Só que, quem iria querer alguém com três filhos?

Sempre há um chinelo velho para um pé cansado, veio à sua mente esta frase. Credo, que coisa mais ridícula, mais fora de moda. Coisa do interior e do passado. Afastou logo a ideia. Ainda tinha seus sonhos, por que não? Ainda desejava ser amada. Não apenas como mãe, mas como mulher. Haveria de encontrar um homem que a quisesse. Então, teria noites infindáveis de amor! Às vezes, assaltava-a o desejo. Ainda que bastante cansada e com vontade de dormir, sentia um formigamento nas coxas. Então, ainda se sentia mulher.

Nossa, quem sabe essa quarentena termine logo!

36.

Ele sempre vivera sozinho. Um misantropo. Não que tivesse qualquer problema psíquico. Era do seu caráter. Não gostava muito de ter companhia. Quando as tinha sentia-se pressionado. Sentia-se obrigado a lhes dar atenção.

Morava em um prédio pequeno quase no centro da cidade. Os apartamentos também eram pequenos. Como se diz, quarto, sala, cozinha e banheiro. Tudo pequeno. Mas ele não precisava de mais nada. Tinha seu trabalho no jornal. Ia para lá às oito da noite, fazia seu papel de revisor e controlava os temas diários. Era uma espécie de assessor da diretoria. Claro que ali tinha que conversar. Mas fazia-o com absoluta economia. Retornava perto das seis da manhã. Tão logo rodado o jornal voltava para casa. Aproveitava e passava em uma padaria, comprava dois pães e pronto. Estava tranquilo até a hora do almoço.

Comia pouco. Por isso era tão magro. Pálido, porque detestava o sol. Fazia frugal refeição por volta das 13 horas, tão logo acordava. Passava a tarde toda no apartamento. Lia. Assistia televisão. Adorava filmes. Conhecia-os todos. Preferia faroestes e filmes de guerra.

Sua família morava no interior. Tinha um irmão, que quase não via. De vez em quando falava ao telefone. Era o suficiente. Seu pai tinha morrido há cinco anos. Sua mãe ainda vivia em companhia do irmão. Via-a pouquíssimo e tinha com ela pouca afinidade. Trocava telefonemas como por obrigação. Sempre pensava: "bem, a gente tem mãe e deve não sei o que a ela". Todos diziam que devíamos a vida. Ele não se sentia devedor.

Péssimo seu humor. Não resmungava, é verdade. O riso estava sempre em débito com ele. Não via motivo para tanto. Pouquíssimas vezes sorrira, eventualmente de uma piada ou de alguma cena divertida nos filmes de Chaplin... Adorava o *Grande ditador*.

Agora, em tempo de coronavírus, seu temperamento ficara mais glacial. Nunca sorria. Cumprimentava pela manhã o padeiro. Era o suficiente. Por vezes saía para jantar. Nunca ia a restaurante caro.

Achava que era jogar dinheiro fora. Frequentava alguns restaurantes, como o Sujinho. Nunca saía com alguém. Sempre sozinho, conversando consigo mesmo.

Sentia-se à vontade com a pandemia. Mais um motivo para sair. De vez em quando ia a um supermercado para comprar alguma coisa. Adorava chocolate. Tinha sempre alguma reserva de balas, o que lhe causava cáries sem fim.

Quando precisava de mulher ia a algum lugar apropriado. Perto de onde morava havia muitos. Pela internet podia arrumar encontros pagos, apenas para satisfazer necessidades biológicas. Nada mais. Sem beijos. No mais das vezes satisfazia-se com masturbação. Entrava na "sexolândia" ou no "beeg" pelo Google e se satisfazia com filmes eróticos.

Gostava da sua vida. Nunca conhecera nada melhor. Desde cedo fora acostumado à solidão. Não tinha amigos. Evitava tudo e todos, embora fosse simpático quando lhe dirigiam a palavra. Respondia com educação e cordialidade. Mostrava-se solícito para fazer um favor, desde que não lhe tomasse muito tempo. Se fosse uma informação, dava-a com prazer. Em seguida, recolhia-se e mal olhava em torno de si.

Pedro vivia para si. Nunca tivera namorada. As que lhe foram simpáticas não se importaram com ele e as demais desviavam o rosto. Não tinha tempo para isso. Nunca pensara em se casar ou arrumar uma companhia. Mesmo porque iriam invadir sua intimidade.

Quando chamado à diretoria tratava todos muito bem, respondia o que lhe era perguntado com monossílabos e retirava-se certo de ter cumprido sua missão. Era bom funcionário. Trabalhava bem e com atenção e errava excepcionalmente. Era cordato.

Durante o dia lia alguma coisa, um romance de vez em quando. Ficava horas na frente da janela do apartamento olhando para o nada. Por vezes acompanhava uma nuvem. Seu pensamento ia com ela. Para lugar algum. Simplesmente vagava pelo céu.

Apenas uma única vez sentiu-se atraído por uma mulher. Era jovem ainda. De beleza invulgar. Traços asiáticos. Pequena e educadíssima. Seus olhares se chocaram. Seus olhos brilharam. Acendeu-se nele uma luz e houve aquele frio na barriga. Sentiu-se atraído. A jovem chegou a corresponder. Trocaram algumas palavras. Ele sentiu subir em si um frêmito e teve imediatamente uma ereção. Disfarçou-a. Ela nada percebeu, embora tenha sentido um rubor em seu rosto. Enquanto estavam em tal estado, chegou um rapaz, jovem também, e bonito, que abraçou a jovem, deu-lhe um beijo e a tirou dali.

Sua desilusão foi grande. Estava empolgado com aquela conquista. Mostrava-o a ereção, mas o sonho se desfez, terminou a ilusão. Prometeu a si mesmo que nunca mais teria qualquer recaída. Sua satisfação pessoal estava no Google.

Em tempos de pandemia era mais fácil. O jornal continuava, reduziu seu salário em 25% e limitou o horário de trabalho. Para ele era pior. Sua vida continuaria da mesma forma. Teria até mais tempo para ler, meditar e assistir televisão.

O que ele esperava? Nada. O nascimento não era o começo da morte? Então, viver a vida de qualquer maneira. Sem objetivo, sem meta, sem finalidade. Para quê? Filhos, nem sonhar. Seriam outros que nasceriam para morrer, segundo a implacável lógica da vida.

Ele morreria após ter meramente vivido.

37.

Ela já não conseguia esconder suas preocupações com as crianças, e mesmo quando falava ao telefone deixava escapar seus receios. O que estava acontecendo? Excesso de precaução? Quando eventualmente saía, na volta deixava os sapatos fora da porta. Recolhia-os. Lavava-os. Punha sua roupa em um saco e as lavava. Só as coisas melhores é que não arriscava pôr no tanque ou na máquina de lavar. Ia direto para o banho. Trocava de roupa. Ufa! Que alívio. Agora podia entrar de novo na casa e ver os filhos e o marido. Quando eles saiam por qualquer motivo, o que era raro, faziam a mesma coisa. Entravam pela porta dos fundos e submetiam-se ao mesmo ritual. Ela conferia pessoalmente se todos tomavam as cautelas necessárias.

A precaução passou a ser irritante para todos. Mas ela não abria mão de todas as cautelas. Os filhos davam risada. O marido abanava a cabeça pacientemente. Aquilo estava se tornando uma psicose. Ela não se dava conta ou agia de maneira instintiva?

Ocorre que com isso ela invadia a liberdade das crianças e do marido. As crianças levavam na esportiva, mas a paciência dele estava com milímetros contados.

Ela pensava que, como integrantes da classe média, podiam se dar a esses luxos (para ela eram assim vistas as cautelas que tomava). Podiam mudar de roupa, comprar álcool gel, máscaras, luvas e todo o aparato de prudência. Por vezes pensava nas pessoas carentes (nem chegava aos moradores de rua). Simplesmente aqueles que moram em favelas ou em aglomerações. Nada tinham para proteção. E se o corona chegasse neles? A mortandade seria brutal! A classe mais abastada não tinha problemas. Tinha tudo para se proteger e, se por acaso fossem infectados, tinham os melhores hospitais para se internar.

E os pobres? Nada tinham. Submissão ao SUS que, aliás, era um ótimo plano, mas de qualquer maneira era problema. Tinham que entrar na fila. Aguardar a identificação. Saber da existência de leito disponível. Decisão médica de internação. Ou seriam mandados embora com a desculpa de que não tinham vagas ou que o estado não era tão grave. Era o risco da sorte. Deveriam contar com a boa vontade dos médicos e enfermeiros. Aguardar. Depois, perder o parente de vista. Não saber onde está, como está e se ainda vive.

Em verdade, o medo do desconhecido era terrível. Aconteceu assim em todas as pandemias. Tucídides relata uma delas em plena Guerra do Peloponeso. Não tinha o que fazer. Era o passo em direção ao desconhecido. Os vírus, todos, não tinham uma etiologia ou um caminho que houvessem percorrido. Os cientistas buscaram encontrar sua origem. Lá atrás eram os ratos os transmissores. Depois, germes que se multiplicavam no ar. Agora, ao que parece, a origem eram os morcegos, servidos como comestíveis na China. Sua irrupção é imediata, alastra-se rapidamente e não vê fronteiras nem raça. Alcança tudo e todos. De forma implacável. Vai enterrando gente. Ricos e pobres. Católicos, evangélicos, luteranos, islâmicos ou umbandistas. Negros e brancos. Seu caminho era avassalador.

Os governos, tão perdidos como nós, iam apresentando soluções. Isolamento social, uso de máscaras e luvas, *blackout*, ou confinamento, rodízio de veículos, bloqueio de vias, fechamento do comércio, paralisação de indústrias. O vírus prosseguia de forma inapelável.

Como eram obrigados a ficar em casa, ela, por mais cuidados que tomasse para sua proteção e da sua família, via sua liberdade prejudicada. Não por ordem do Estado, mas por sua proteção e por sua segurança. Havia aí, embora ela não percebesse, um confronto ideológico entre segurança e liberdade. Qual dos valores deveria prevalecer? Era indisputável que a liberdade ficava prejudicada. Ela bem que gostaria de ir a um restaurante, mas não podia. Não porque alguém a proibisse, mas todos estavam fechados. Ela bem que necessitava comprar, talvez por vaidade, uma roupa nova para seus filhos e para ela, e, talvez até, uma malha para seu marido. Mas também não podia, porque as lojas estavam fechadas.

Em tal confronto, a segurança era a dominadora. Reconhecia agora que a liberdade não é um direito absoluto. Ela a tinha como um valor superior. Era ínsito no ser humano o direito à liberdade. Mas um ente desconhecido impunha-lhe restrições no direito de ir e vir, e ela não podia reclamar. Pensou, jocosamente, em impetrar um *habeas corpus*, mas seria ridículo. Quem seria a autoridade coatora? Mas valia a pena pensar, ao menos para dar margem à imaginação. O vírus era a autoridade, mas não era passível se sofrer repressão judicial. Era soberano. Invadia corpos e impunha restrições sem que se pudesse reclamar. Era apenas o apelo à ciência.

A ciência havia sido negligenciada em diversos governos. Agora, todos reclamavam. Por que não o fizeram antes? Por que não fizeram greves para que a ciência fosse mais bem aquinhoada com recursos públicos? Ninguém tomou providências, e agora todos estavam à mercê de um ser ignóbil e hostil.

No confronto entre a segurança e a liberdade prevalecia o medo. Este era um dos gigantes da alma. Não era o medo de alguém ou de algo. Não era o medo da guerra nem da violência nas ruas. Era o medo do desconhecido. Não do anímico, nem do além, nem de fantasmas ou de almas do outro mundo. Era o temor de um ser mutante e agressivo que entrava no corpo e ia direto aos pulmões, o local do seu maior poderio destrutivo.

Essa violência operava-se diante de nossos olhos, e não podíamos reagir ou proteger entes queridos. Simplesmente olhar. Passivamente. Total inércia.

Lágrimas que não curam. Podem vir aos borbotões que serão poucas para o sorriso do vírus. Ele bem que não queria matar, mas a natureza o fez assim. Sua virulência não encontra resistência na sabedoria nem na cultura. Apanha o autor em pleno desempenho de sua arte. Faz o mesmo com a dançarina. O literato pode declamá-lo em poesia, mas é morto por ele. O músico pode compor-lhe uma sinfonia, mas será liquidado. O pintor pode colocá-lo sublimemente em um quadro, mas ele dali sairá e matará seu criador.

Só resta o medo, palavra mágica dos sentimentos. O gigante que toma conta da nossa alma e das nossas reações.

Lembrou-se da poesia de Vicente de Carvalho em que ele diz para o pequeno no caixão que acorde. Levavam o pequenino para o mesmo lugar onde os sinos tangiam numa voz de choro. Esta se mistura ao ódio ao pequeno verme que invadiu seu corpo. Dizem que as crianças são imunes, mas não é verdade. O bicho imbecil não perdoa. Invade todo e qualquer organismo.

Tinha que proteger sua família. Não admitiria perder qualquer de seus entes mais queridos. Mas o sino tangia para todos. Os sinos eram servos do vírus. Buscava os corpos e tocava o sino para comprovar sua destruição.

A vulnerabilidade dos corpos era patente. Muitos, não acreditando no vírus, reuniam-se em celebrações e festas. Dias depois estavam infectados. Lá estarei eu, o vírus. Qualquer aglomeração era risco certo. Mas as pessoas parecem não se emendar. Não o temem no início, só depois que demonstra sua força passam a fugir dele, a rezar, a temê-lo. Nada adianta mais. Ele já tomou conta de tudo.

Quem venceria o confronto? Havia racionalidade nisso? Não era puramente a força da natureza em debate com o medo. Sem palcos, sem microfones, sem sustentação de quem quer que seja, advogados eram desprezados. O que valia era a irrupção da natureza, qual vulcão ativo que despeja sua lava para todos os lados.

O medo nos invade a alma. Atormenta-nos sem piedade. O pavor assume nosso ser e passamos, então, a abandonar a liberdade e nos apegamos à segurança. A luta era vender o medo, o terror, e alcançar a segurança, para, ao final, recuperar a liberdade. Esta continuava a ser o bem mais valioso. Só que tínhamos que abrir mão dela por algum tempo para recuperá-la. Independentemente de qualquer governo ou até contra ele.

O que valia mesmo era o desejo de nos vermos livres. Voltarmos a nossa vida normal de embaraços e dificuldades, e conseguir lutar por um bem maior.

38.

Não existe o ser humano integral. Isto é coisa do integralismo de Plínio Salgado. O homem tem consciência e corpo. Duas partes que se unem. Mas não é só isso. Há diversos seres humanos num corpo só. O corpo é único. Mas a mente, embora da mesma natureza, está pulverizada. Desde que nascemos não somos só um. Somos vários.

Lembre-se da imagem junguiana do espelho. O ser humano vai se reconhecendo. Por partes. Na sequência pensa que é gente e começa a se autoafirmar. Pensa que sabe tudo, discute tudo (ou se fecha, dando de ombros à ignorância alheia) e se afirma não raro com ações desastrosas. Temerárias. Por vezes absurdas. Mas vai em frente, quebrando a cara ou encontrando-se.

Por último, adquire diversas personalidades. A primeira é a de homem ou de mulher, ou de homossexual ou bissexual ou transexual. Não importa, de qualquer maneira encontra-se. A partir daí, é um no trabalho, outro na escola, um terceiro em casa, um quarto como marido (ou mulher), um quinto como formação intelectual, um sexto com os amigos, um sétimo como pai, um oitavo como filho, um nono como avô eventualmente, um décimo como dedicado à caridade, um décimo primeiro como religioso (de qualquer culto), um décimo segundo como amante, um décimo terceiro como esportista e torcedor, um décimo quarto como leitor, um décimo quinto como vizinho, um décimo sexto como alienado, um décimo sétimo como colega, um décimo oitavo como aluno, um décimo nono como professor, e assim por diante.

Está bom assim? Um homem repartido. O ser humano não é só um. É muitos. Rimbaud dizia "Eu é outro". Sartre disse: "O inferno são os outros". Fernando Pessoa criou vários heterônimos que, aliás, não esgotavam sua multifacetada personalidade. Ele explica tudo na carta a Adolfo Casais Monteiro.

O ser humano nunca é um só. Ele se vê no íntimo de sua casa não como um só. É o marido, o filho, o neto, o pai, o empregado, o comprador, o empregado doméstico, o leitor, o escritor, o cinéfilo, o amante ou o desinteressado, o alegre ou o triste, o amigo, o cozinheiro, o pagador de contas, o credor. Enfim, é um todo em um só.

Pensamos ser um todo, mas somos todos divididos. Partes que controlamos e partes que se rebelam, tornando-se outras partes desse todo dividido.

Na pandemia, não há como não se dividir. Somos um e diversos ao mesmo tempo. Às vezes as partes querem ser maiores que o todo. Por vezes o todo se sobrepõe.

Tais pensamentos me surgiam enquanto olhava, bestificado, para o computador. Como é possível que um aparelho faça tantas coisas e que consigamos falar com o mundo inteiro? Como as pessoas nos invadem? Como mandam mensagens que não queremos receber? Mas não somos um todo? Então temos que ter e ser um de tudo. Mas eu só quero ser uma parte, não quero ser inserido num todo. Só que o todo me absorve. O todo toma conta de mim. Eu quero sair do meu todo.

Lemos e ouvimos muitas coisas sobre a pandemia. A televisão nos invade com um sem-fim de informações. A todo instante ouvimos quantos morreram. Quem são? Não sei. Estou me importando com eles? Quantas pessoas fragilizadas ouvem, assim, a morte de seus parentes? Não sei quem são. São números. Mera estatística para que os governantes tomem providências. Usem máscaras. Mas já não somos mascarados em face de tantas personalidades que assumimos? Não. Agora, a máscara é física. Não é a da sua personalidade, imbecil.

Vejam como os números superam os sentimentos. Quando abrimos o jornal queremos saber quantos morreram, não importa quem. O sentimento material supera o afetivo. Armamos uma couraça sobre nossos afetos. O que me importa o outro? É mais uma faceta dos papéis que assumimos. A neutralização de nossos sentimentos anestesiados. O que importam os outros?

Somos como crisálida virando borboleta que se metamorfoseia e se mimetiza. Cores lindas, maravilhosas, enganosas e perigosas. Borboletas que nos falam e pirilampos que nos iluminam. O vagalume voa por aí, como as estrelas, cheios de luzes que nos encantam. Mas não se importam conosco. Nem iluminam nosso caminho. Simplesmente são luzes caminhantes e volantes que fazem parte de mais um simulacro.

De quantos simulacros é feita nossa vida? Incontáveis. Como as crisálidas que viram outra coisa. Incompreensível. Nós também nos tornamos seres incompreensíveis. Por mais que se estude, o ser humano é um grande desconhecido. Dentro dele, em seu íntimo, é diverso. Plural. Cheio de armadilhas. Tece sua teia melhor que as aranhas. Transforma-se a todo instante. É um a cada dia. Diferente. Estranho. Surpreende a cada minuto. É um ser de fluxo. Não se pode pegá-lo com as mãos. É fluido. É um sorriso que não se entende. Um olhar que não se compreende. Um esgar estranho. É um e não é ao mesmo tempo. É a circunstância.

Na pandemia fica pior, porque está sofrendo transformações íntimas. Por mais que reflita sobre o que se passa, não entende. É um centro de pulsões frenéticas. Descontroladas. É um ser cambiante de acordo com o momento e as influências que sofre. É desnorteado. Olha para o mundo sem compreendê-lo.

Como compreender tais mistérios se não nos conhecemos a nós mesmos. Sócrates não nos ensina que devemos conhecer a nós mesmos, de acordo com o oráculo de Delfos? Se nunca nos conhecemos, como vamos conhecer os outros? Como compreender o mistério da vida, se nem sabemos quem somos, de onde viemos e para onde vamos?

Quantos somos então? Somos um sem-fim de pedaços que se unem para formar um todo, mas ao mesmo tempo se desagregam em partes que não se unem. Este é o ser humano: um em muitos. Talvez todos.

39.

Amélia estava desesperada. Trancada em casa já era um sufoco. Com um filho já era demais. O menino era impossível. Nada o confortava. Nada o acalmava. Nada o alegrava. Absolutamente inquieto. Gritava o dia todo.

– Não queeero isssso! – punha-se a chorar.

– O que foi querido – vinha Amélia com sua infinita bondade. – O que você quer?

O menino esperneava. Pura manha. Pura irritação por ficar fechado o dia inteiro. Tinha seis anos. Aquele período era trágico. Amélia já não sabia o que fazer. Sem marido, o namorado, àquela altura, tinha sumido. Quando viu que teria de ficar trancado e com Alfredo como companhia, preferiu a companhia da mãe. Às vezes falavam por telefone, mas percebia que o relacionamento se esvaziava...quase terminava. Pelo celular trocavam rápidas mensagens. Nada falavam mais de amor.

Alfredo punha-se a gritar sozinho. Do nada. Quando a mãe estava na cozinha para preparar algo, berrava assustadoramente. Gritos lancinantes de criança ferida. Só que era de birra, mesquinharia, de quem queria chamar a atenção.

Amélia lembrava-se de uma vez em que foram a um shopping. Ela e o namorado. Passeavam, depois de tomar sorvete, pelas lojas. O shopping era luxuoso. Só gente com muito dinheiro. Não é que o diabo do menino se jogou no chão e começou a gritar como se tivesse apanhado.

O namorado se desesperou, ou não conhecia bem Alfredo, e agachou-se para atendê-lo.

– O que você tem, querido?

O menino olhou para ele e aumentou o berro.

O namorado pensou que o menino estava doente ou que se teria ferido com a queda. Nada. Buscou falar com ele com calma. Passou a mão nos seus cabelos. Quanto mais vinha com voz mansa, mais a criança gritava.

Os transeuntes paravam para olhar. Uma senhora veio oferecer ajuda. Outra disse que seria bom água com açúcar. Uma terceira tentou conversar com Alfredo. Nada. O menino continuava a chorar e a gritar.

O namorado olhou para Amélia e perguntou o que tinha acontecido. Ela não sabia o que fazer. Sem graça em face do monte de gente que parara para ver ou pretender ajudar, não sabia como agir. Abaixou-se e tentou falar com Alfredo.

– O que foi querido? Você se machucou? Como foi que caiu?

Ninguém tinha percebido que a criança se jogara ao chão, mas com cuidado para não se machucar.

De repente, sem mais, Alfredo se levantou. Nem olhou para o namorado da mãe. Não conversou com ela. Levantou-se e saiu. Ninguém entendeu. Acabou a choradeira.

Amélia lembrava-se da criança no shopping, sem qualquer motivo para fazer birra, mas nem desconfiou que era ciúme em relação ao namorado. Nenhum dos dois atentou para os sentimentos do menino. A mãe andava de mãos dadas com o namorado. Alfredo ficou em segundo plano. A razão da cena foi para chamar a atenção da mãe. Onde se viu? Ele era o centro de sua preocupação. Não o namorado. Às vezes ambos em casa, a mãe apagava a luz do quarto e gemia. Ele ouvia coisas indistintas, desconfiando que não era ele o centro das atenções.

O menino guinchava como um porco quando leva a primeira facada no sovaco. Se a facada não alcança logo o coração, lá fica ele estrebuchando e grunhindo, como para anunciar que sua morte era injusta. A vizinhança pensava que a mãe estava prestes a estrangular o garoto. Muitos já conheciam suas manhas, mas alguns imaginavam a peste que era a mãe.

Alfredo se jogava no chão. A mãe conversava com o menino. Buscava transmitir-lhe amor. Falava com ternura. Esgotados os meios suasórios, ligava a televisão e punha em programas para crianças. Era pior.

Sem professores (tios e tias) para lhe ensinar alguma civilidade, ele não encontrava limites. Sabia que não apanharia, porque já testara sua mãe. Nada ia acontecer. Não tinha um pai para impor limites. A mãe era doce. Derretia-se com ele.

Alfredo era magrinho. Cabelos castanhos. Nariz fino. Boca suave. Olhos espertos. Ouvidos à toda prova. Garganta maldita. Esgoelava em seus períodos de crise. Com a pandemia, os períodos se encurtavam. Punha-se a berrar do nada. A vizinhança podia pensar que a mãe estava batendo nele. Nada disso. Amélia olhava o garoto com um misto de raiva e compreensão. Sofria em silêncio. Olhava em seu interior e só encontrava o vazio.

– Maldito vírus. Se você soubesse o que está causando além da doença!

40.

Ela estava sofrendo muito em seu íntimo. Não. Não tinha problemas com sua vida material. Vivia bem. Era casada. Tinha uma boa casa. Adorava cachorros e os tinha. Divertia-se com eles e com eles se consolava. O marido era independente e tinha seus próprios negócios. Ela advogava. E bem. Tinha boa clientela. Saía de casa pela manhã e ia ao escritório. Tinha trabalho para o dia todo. Preparava iniciais e recursos. Recebia clientes. Discutia com eles. Gostava mesmo era de causas patrimoniais. Detestava causas de família. Sentimental, envolvia-se com os problemas dos casais, sofria com eles. Procurava resolver seus problemas. Mas, quem resolveria os seus?

Chegava em casa por volta das 18 horas. Tomava um banho. Perfumava-se para ser agradável e aproximar-se do marido, que sempre voltava de mau humor. Ela não sabia se ele tinha problemas com o trabalho ou se era mesmo fruto de insegurança pessoal.

Nada justificava, era o que lhe parecia, a complexidade do seu comportamento. Tudo sorria para o casal. Estavam bem de vida. Confortável. Tinham bons amigos e com eles estavam com frequência. Frequentavam bons restaurantes. Os melhores. Nada lhes faltava.

Era comum que viajasse, mas sozinha. O marido não a acompanhava. Não sabia bem o que se passava. Mas, quando inventava uma viagem mais distante, como para a Europa, ele sempre tinha uma desculpa. Tinha uma causa muito importante e não podia abandonar o cliente. Por vezes ia aos Estados Unidos, mas nunca a levava. Dizia que era viagem de negócios. Coisa chata. Ela não iria gostar. Seriam reuniões sem fim. E ela, o que faria? Ficaria no hotel ou, quando muito, iria para *malls* fazer compras. Não, não seria interessante.

Ela adorava estar com os amigos, especialmente para jantar em algum restaurante. Gostava de conhecer os que eram inaugurados. Mas só restaurantes de charme, com chefes conhecidos no mercado. Não era bem para comer. Mas, para unir o ambiente, as pessoas, as conversas e também, óbvio, degustar bons pratos. Mas, no mais das vezes fazia isso sozinha, em companhia de dois ou três casais. O marido lamentava não poder sair.

O ambiente foi se tornando estranho. Ela buscava se aproximar, sempre desejando ser reconhecida, cortejada, e adorava fazer amor. Fazer amor era eufemismo. Adorava o sexo. Desejava-se e gostava de ser cortejada. Mantinha distância de conquistadores. Como era bonita e sensual, os paqueras vinham a todo instante. Aproximavam-se com cara de quem nada queriam, mas aos poucos lançavam palavrinhas ao seu ouvido. Tolices, buscando conquistá-las. Por vezes sentia-se atraída. Mas recusava a insistência, sempre pensando em ser reconhecida em casa.

– Que tal se hoje jantarmos à luz de vela. Vou me preparar para você!

Adoraria ouvir uma resposta positiva ou de encantamento. Tentava ainda seduzir o marido, que se mostrava indiferente. Alheio. Faziam amor uma vez por mês, embora jovens. Mas era uma sessão tragicômica. Quase figurava como obrigação. Era cumprir o débito conjugal. Parecia conta-corrente. Tinha que pagar um jurinho todo mês. Era coisa de caixa bancário. Mas, apesar de se entender mal paga, cedia, de má vontade. Mesmo porque o relacionamento não durava mais de cinco minutos, desde a ereção ao gozo. Dele. Ela ficava sem nada. Virava na cama, magoada, ferida e abandonada. Ele se levantava com o sentimento de obrigação cumprida.

Será que assim que era o amor?

De repente. Grande notícia. Numa dessas "noites de amor" engravidara. Não. Não era de nenhum relacionamento extraconjugal. Simplesmente ela havia feito tratamento para engravidar. Colhera esperma do marido, congelara-o e fez a inseminação. Ele tinha azoospermia. Fora colhido de seu escroto. Após diversos insucessos, lograva a gravidez.

Foi para casa com o exame na mão. Era sua conquista. Queria um filho ou filha. A notícia era uma delícia. Desde que o médico comprovara sua gravidez ficou elétrica, não vendo a hora de chegar em casa e comunicar ao marido. Ele também queria a paternidade.

Quando chegou, correu para recebê-lo na porta da entrada. Ele entrou. Ela deu-lhe um beijo, que o apanhou de surpresa.

– Adivinha o que eu tenho de novidade? – disse ela toda contente com o exame nas mãos.

– Não tenho ideia. Mas deve ser notícia boa, porque você está toda contente. Viu passarinho verde?

– Estou grávida – disse ela, quase aos gritos, com um sorriso gigantesco estampado na face.

– Ah! É? – respondeu ele sem se deter, sem beijá-la nem querer ver o exame. Simplesmente adentrou a casa, deixando-a atônita e sem palavras.

Claro que ela esperava outra reação. Era legítimo esperar que ele também exultasse com a boa nova, porque ela supunha que ele também queria ser pai.

Imediatamente caiu no choro. Fez de tudo para que ele não a visse. Mas a mágoa foi profunda. Pensou que a gravidez iria fazê--los se reconciliar. Era o que queria ardentemente. Mas a reação do marido foi repulsiva, para dizer o menos. Mal olhou para ela. Mal reagiu à tremenda novidade. Nem se importou. Era-lhe indiferente. Como pode?

Os dias se passavam sem qualquer novidade. Ele não mais se dirigiu a ela. Em termos de quarentena, será que nada mudaria? Eles estavam reclusos. Só os dois. Sem contato com o exterior. Será que não melhoraria o relacionamento? Não fariam planos para o futuro? Não iriam comprar um carrinho, nem decorar o quarto do filho?

Ela aumentou o distanciamento do marido. Não podia mais ter esperanças de uma reação positiva. Mal se dirigiam a palavra. Almoçavam em silêncio, e o jantar tinha sabor tumular.

Ela chorava baixinho. Não queria incomodá-lo, mas criaria a criança sozinha se fosse o caso. Como era independente, poderia se arrumar. Não precisava de ninguém. Mas adoraria um sorriso. Um só. Um olhar. Um só. Um gesto de carinho. Um só.

Ela seguia sua rotina sem falar nada. Não desejava mal a ele. Mas não podia acreditar que tivesse uma reação como a que tivera. Fria. Tumular. Gelada. Indiferente. Cruel.

A maternidade era por ela perseguida. Pouco importava o pai. Mas, já que tinha um marido, que fosse ele. Mesmo por inseminação. Mas teria adorado ter a criança com um homem que a quisesse, que a desejasse e lhe desse uma monumental noite de amor. Com carinho, gemidos, entregando-se inteira e sendo devorada por todos os cantos.

Sobrava-lhe migalhas de amor. Mas Betelgeuse olhava a tudo e compreendia seus lamentos. Ela daria um jeito, depois da pandemia.

Oh! Estrela maravilhosa! Venha em meu auxílio. Dê-me o carinho que não tive. Venha de onde vier. Mas que seja cálido e que me arrebate. Que penetre profundo. Que me faça delirar. Era tudo o que ela queria em sua solidão. Betelgeuse iria dar um jeito.

41.

– Não Eni, a coisa não está muito boa. Por causa da pandemia os clientes estão se afastando. Não por falta de vontade, mas com medo de transmissão do vírus.

Como em todos os negócios, a prostituição também sofria os efeitos da pandemia. As meninas estavam ansiosas e necessitavam ganhar algum dinheiro para subsistência. Já não daria para guardar muito, mas que desse pelo menos para se alimentar e pagar a cafetina. A casa onde estavam era muito boa, localizada nos Jardins, numa travessa de uma das melhores ruas do bairro.

– Ora, Pati, as coisas não estão tão ruins. Ontem fiz três programas.

– É, mas eu fiz um só. Como estamos cobrando 500 reais, mal dá para sobreviver.

— O quê? Isso é dinheiro, minha filha. Eu vou por 300. Também, você é cheia de frescura. Precisa deixar que o cliente faça o que quer.

— Eu, hein! Nada disso. Quero que ele se satisfaça logo e caia fora.

— Tá vendo, assim não funciona. Como ele vai dar uma gorjeta se você não faz bastante carinho.

Assim caminhava o diálogo. As meninas não queriam mais beijar. Beijo só de família. Os caras chegavam, tomavam um aperitivo, normalmente uísque, pagavam alguma coisa para a menina e iam para o quarto. Eram bem limpas. Faziam questão de agradar bem o freguês. Havia perfume no ar. Para criar clima, sabe como é.

— Você sabe que ontem pensei no meu amor, mas não era com ele que eu estava e eu quase gozei! Ah! Ah! Mesmo nos braços de outro você tem a sensação do gozo.

— Eu não! — disse Naná. — Comigo não tem isso. Quero que ele goze logo e caia fora. Dou uns gemidos para pensar que estou gozando. Quando chega no quarto, passo um creme para dar a impressão que estou molhada. Normalmente funciona.

Na sala não havia televisão como em outras casas. É que, segundo a cafetina, as meninas tinham que se concentrar no freguês. Nada de olhar televisão. Era seduzir o cara, ficar acariciando-o no rosto, no peito e também ficar esfregando o pênis. Devia excitá-lo para deixá-lo no ponto em que, quando entrasse no quarto, já queria logo comer a menina.

O clima era bem preparado. Meia luz, bons sofás, cortinas bem tradicionais, tapetes persas, um perfume para agradar a narina e meninas todas vestidas com saias bem curtinhas para mostrar as pernas. O decote era bastante grande, de forma a ressaltar os seios, e a pintura era necessária para destacar os lábios e os olhos. A cafetina controlava tudo.

Mesmo na pandemia a frequência continuava boa. É, o pessoal não se controla. Como não têm companhia ou são obrigados a ficar isolados, não se contentam com masturbação. Muitos gostam mesmo é das putas. Tem gente que não se acostuma com elas e gostam da arte da conquista. Outros gostam é de sentir o cheiro da prostituição e a falsidade do momento. É só um momento.

Muitas das meninas tinham tido vida dura. Algumas haviam sido estupradas logo novinhas e entendiam que deviam seguir o caminho. Eram ressentidas, mas sentiam prazer em receber dinheiro. Podiam se sentir vingadas do primeiro que as violara. Outras eram duramente tratadas na família. Pais rigorosos, mas que não conseguiam segurar a libido das novinhas. Outras gostavam mesmo dessa vida. A maioria tinha filho e buscava a prostituição para sustentá-lo. Deixavam-no com a mãe ou com uma tia e saíam para buscar o sustento. As parentes sabiam do seu serviço, mas não se importavam, desde que comparecessem com o dinheiro.

O filósofo dizia que nosso país é diferente porque "a prostituta se apaixona, o cafetão tem ciúme, o traficante se vicia e o pobre é de direita". Acho que a frase é do Tim Maia, e tem muito sentido. Era curioso. Certo dia apareceu um rapaz com membro avantajado. Acredita que as meninas foram em cima dele? Ora, se é prostituta, qualquer coisa vale, grande ou pequeno, desde que recebam. É uma profissão como outra qualquer.

O Brasil realmente é um país diferente. As coisas nunca são levadas a sério e todos riem ou não se importam com o drama alheio. Fazem de conta que sim, mas à primeira dificuldade viram o rosto. Não se preocupam com o outro. Era muito comum também que o cafetão tivesse sua preferida e por vezes com ela se envolvia.

O estimulante era comum. Maconha era a erva principal. Cocaína era mais escassa porque mais cara. A cafetina não gostava muito da entrada de drogas em seu ambiente por causa da polícia. Os agentes passavam toda semana para receber propina. Filhos da puta, não se conformavam com os vencimentos que recebiam do Estado e tinham que tirar algum das meninas. Eram duas vezes corruptos, primeiro porque não estavam satisfeitos com o que recebiam do Estado e buscavam outra fonte de renda, o que significa que eram corruptos. E, segundo, porque vinham explorar o trabalho das prostitutas. Eram duplamente bandidos. Mas, o que ela podia fazer? Nada. Se denunciasse, sua vida viraria um inferno. O melhor era calar. Penosamente calar. Ela ficava amargurada cada vez que eles vinham receber a propina. Dava vontade de preparar um flagrante. Mas, para quê? Ela seria a prejudicada. Não sabia que estava lidando com autoridade da lei?

As meninas da casa iam e vinham. Algumas demoravam um pouco mais. Mas não passavam de seis ou sete meses e mudavam de casa. Algumas haviam ganhado um pouco mais e alugavam apartamento para facilitar a venda do seu corpo. Outras variavam de casa para tentar novos fregueses.

– Pati, por favor, pensa na minha proposta. Você é muito linda para ficar aqui. Quero tirar você daqui. Alugo um apartamento. Você não precisa mais trabalhar. Eu te sustento. Tenho o suficiente. Sei que você é de boa família. Não quero que fique aqui. Monto um apartamento e vamos viver juntos. O que você acha?

– Paulo, esqueça isso. Você é casado. Tem sua vida. Você fica comigo uma semana, duas, e já cairá fora.

– Não. Você não me conhece, Pati. Estou apaixonado. Você é tão linda que a quero para mim. Pouco importa o passado. Deixa para lá. Viveremos como marido e mulher. Topa?

Pati ficou pensativa. Seria uma oportunidade de mudar de vida. Mas esse cara não tem palavra. A paixão é momentânea. Em pouco tempo serei um transtorno para ele e vai me mandar passear. Nem sei se ele tem dinheiro suficiente para me manter.

– Paulo. Deixe isso para lá. Embora não seja a vida que quero, mas me dou bem. Sei me virar. Sou bem tratada aqui e não quero arriscar.

– Pelo amor de Deus, menina! Estou te oferecendo uma vida nova. E eu não quero viver sem você nem quero deixar você aqui.

Esse tipo de conversa era muito comum na casa das mulheres. Homens mais carentes vinham para uma satisfação rápida. Acabavam conhecendo uma menina bonita que a ele abria as pernas e pronto, já estavam apaixonados. Era um amor de cama.

No começo da manhã as meninas tomavam um café juntas, por volta das 11 horas. Tinham ficado acordadas quase a noite toda atendendo à clientela. Conversavam um pouco. Cada qual contava um pedaço da sua vida. Por vezes riam; outras choravam.

Algumas levavam na boa. Outras buscavam caminhos melhores. Mas, de qualquer maneira, todas sofriam. Rir era um bom instrumento para disfarçar a angústia. Algumas se olhavam envergonhadas. Estavam ali para sustentar um filho tido com um pai ocasional. Aliás, quem era o pai? Não podiam ir para a casa dos pais porque o pai sabia onde ela estava e como ganhava dinheiro, e tinha vergonha. O pai rico abominava a situação; o pobre rejeitava, mas compreendia.

Coitadas levando uma vida que não escolheram, mas que foi a opção do momento. Todas pretendiam sair. Sabiam que a velhice chegaria e com ela o abandono dos parceiros. A renda escassearia. Os fregueses iriam deixá-las de lado pelas mais novas. Enfim, terminariam a vida sozinhas. Era uma desgraceira.

Mas, ora, todas estavam sob a proteção de Betelgeuse. A estrela compreendia a vida das meninas. Iria olhar por elas.

42.

Lá estava o filósofo. Eu podia vê-lo pela minha janela. Ele também podia me olhar, mas qual o quê. Não tirava os olhos do livro. Pensativo. Imerso em pensamentos. Sobre o quê? Nem imagino, mas suponho que estava tentando desvendar mais uma destas incógnitas filosóficas. O mundo. O ser. A ética. A gnoseologia. A epistemologia. A lógica. Sobre o que se debruçava?

Filósofo e poeta têm caminhos diferentes para chegar aos mesmos resultados. O poeta sonha. O filósofo imagina. As asas do pensamento do poeta não têm fim. Leva-o para mundos que ele nem sonha. O mesmo ocorre com seu parceiro. Não se detém em conceitos. Vai além deles. O conceito imobiliza o ser. Busca sua essência que é partilhada com os outros. O *cogito* cartesiano tem o *eu* como centro do mundo. O poeta brinca com o eu. O eu pode ser ele ou outro. Pode ser transformado em rima. Pode dar certo ou não. O eu voa. Passeia. Imagina-se. Reflete às vezes sobre os outros, às vezes sobre si próprio.

O problema é que as pessoas não sabem, mas o eu voa no mundo Ele não faz história com a essência. Vê o eu sob diversos prismas.

A dificuldade da filosofia é que ela dificulta por si só. O palavreado é difícil de entender. É hermético. Como se quisesse dizer coisas complicadas. Mas não pode ser tão simples.

43.

O casal vivia às turras. Duas pessoas idosas. Tinham tido filhos, mas que já os abandonara. Sobrara um para o outro. Mas, mesmo assim continuavam a sina de suas vidas de brigas. É que ambos já não tinham mais paciência. A vida lhes era bastante pesada. Não se conformavam de ter durado tanto. Ele estava com 85; ela com 79. Cabelos brancos ela; ele quase careca.

Tinham vivido uma vida para os filhos. Eram quatro. Cada qual seguira seu caminho. Um deles, o mais velho, estava na Nova Zelândia. Era tratador de cavalos. Sempre fora sua paixão. Desde o começo, quando viviam no campo, seu prazer eram os animais. Cães, marrecos, gansos (Ah! Os gansos que salvaram o Capitólio – conhecem a lenda não é? A colina romana do Campidoglio ia ser invadida e os gansos alertaram as tropas romanas começando a grasnar), gatos e especialmente cavalos. Lindos, fortes, másculos, irritadiços. Mas belíssimos animais. Então, viu sua admiração por eles. E até hoje vive em seu meio.

A segunda morava em Londres. Vivia em Kilburn, bairro da capital londrina. Vida modesta. Era funcionária de uma empresa de marketing. Não podia reclamar.

O terceiro tinha mania de escrever. Fez curso de advocacia, mas não era do ramo. Forçou-se a ter um diploma sem que tivesse pendores para o exercício da profissão. Mas seu *hobby* era escrever. Quando tinha uma ideia anotava-a no papel e, depois, tentava elaborar uma estória. Vivia descrevendo estórias. Adorava-as. Lia-as em voz alta para ver se agradava. No mais das vezes não gostava. Fazia bicos para amigos escrevendo provas, dissertações e aulas. Ganhava pouco. Morava de forma miserável, mas não reclamava. Fazia o que gostava. Tinha rodinha de amigos para beber alguma coisa e declarar algumas poesias de mau gosto que redigia. Morava no interior. Em São José do Rio Preto.

O último, também homem, morava no Paraguai. Não se sabia bem o que fazia. Lidava com jogo. Fazia bicos em cassinos. Tinha emprego certo, mas estava sempre insatisfeito consigo próprio. Morava razoavelmente bem com uma jovem. Sentia atração por pessoas do seu sexo, mas ainda não se arriscara a assumir qualquer atração. Por ora, contentava-se com a namorada. Nenhuma relação sexual com ela.

O casal de velhos não via os filhos já a algum tempo. Isso os tornava mais irritadiços. Viviam de aposentadoria. Ele tinha sido médico e havia amealhado algum recurso, o que lhe permitia um final de vida sem tropeços. O único tropeço, pensava ele, era a velha.

A mulher era mais sociável. Mantinha contato com os vizinhos, conversava com eles. O velho era bastante complicado. Vivera intensamente a medicina. Estava desatualizado, mas ainda gostava de dar algum palpite.

– Poxa, você não vê que ligar a televisão à tarde me incomoda – dizia ele.

– Ora, você não tem paciência com nada. Não temos o que fazer. Você ainda consegue atender algum cliente tão velho como você, mas eu não tenho o que fazer. Ainda consigo cozinhar e limpar a casa. Mas já com dificuldade por causa da idade. Limpo, lavo, porque não quero empregada aqui. Ela pode nos trazer o vírus. Nem você a quer também. Então, precisa ser paciencioso.

– Ora, mulher, não aborreça! Desligue a televisão. São três horas da tarde. Não é hora de televisão. Vá lá para dentro ver se arruma alguma coisa para fazer.

– Não há nada para fazer, você não vê! Já não tenho olhos bons para leitura nem para costurar. O que me resta é ter que aturar você! – disse ela elevando a voz.

– Ah! Pipocas. Veja se não enche. Vá arrumar alguma coisa para fazer. Mas ligar televisão agora, não. Vá para o quarto e assista lá. Na sala faz barulho e inferniza todo mundo.

– Todo mundo quem? Somos só nós dois. E você se aborrece à toa. Não percebe que com isso você torna a convivência insuportável?

– Ué! Mude daqui, então! – disse o velho, já aborrecido, porque não conseguia impor sua opinião.

– Agora, não é? Depois de 50 anos você vem me dizer essas coisas. Não se lembra dos filhos que lhe dei, dos bons momentos que passamos juntos. De nossas viagens. De nada. Agora sou descartável, não é?

O velho percebeu que as coisas descambavam para um sentimentalismo piegas e ridículo. As vozes estavam aumentando de tom. Os vizinhos podiam escutar. Já estavam velhos demais para propiciar qualquer espetáculo indigno.

Calou-se. Preferiu não mais se dirigir à mulher e deixar que ela ligasse a televisão. Tinha vontade de dar uns tapas nela, mas não poderia fazê-lo, ao menos em homenagem a toda uma vida juntos. Melhor calar.

Foi a intervenção de Betelgeuse que acalmou o casal. Fazia tempo que ela não presenciava uma discussão tão sem sentido. Mera irritação. Estresse de um casal desamparado, triste e sem perspectiva.

Esperavam a morte. Era o que lhes restava. Minha estrela ia fazer um apelo ao cosmo para ver se conseguia levar os dois para outro mundo. Sabe-se lá se existe, mas de qualquer maneira iria levá-los para outras estrelas. Quem sabe rejuvenesceriam e se tornariam amigos de novo em outro mundo. Minha estrela fazia milagres.

44.

Todos acreditavam que a pandemia iria terminar rapidamente. Mas, qual o quê! A periferia da capital continuava com os *pancadões*. Ali se reuniam em pequenas praças da periferia mais abandonada para tocar, cantar, beber e farrear. Jovens vinham aos montes. Eram meninas de todas as idades que ali vinham para espairecer e relaxar. Assim diziam porque, em verdade, estavam afastadas de seus pais e queriam se divertir. Sainhas curtas, blusa sem sutiã, bebendo cerveja e fumando maconha.

Sem qualquer proteção. Sem máscaras, sem luvas, sem nada. Arriscavam a vida para estar alienadas de uma vida pior ainda. Será que valia a pena? Ora, em casa nada tinham. Os pais estavam por aí. Espalhados pelo mundo. Muitas viviam sozinhas ou em casa de avós, junto com mais três ou quatro irmãos. Era dura sina. Faziam de conta que estavam vivendo do jeito que queriam. Mas não tinha conversa, a natureza apresentava a conta. E a fatura era cara. Estavam brincando com a saúde.

– Lívia, vamos hoje à noite?

– Claro, Noca, é claro que vamos. Hoje tem batidão da pesada!

– A que horas?

– A partir das 7 começa chegar o pessoal. Vai ter de tudo. Tenho certeza que o Robertao vai.

– Quem te falou?

– Ora, ele é quem dirige tudo. Ele é o chefe.

– Sei, mas ele não é chamado assim pelos outros.

– Claro que não. Todos têm medo dele. Quando chega vem com quatro capangas, todos armados até os dentes. Eles, na intimidade, o chamam de Betão maluco.

Esse era o clima da festa que se repetia todas as sextas e sábados. O som era infernal. Ninguém conseguia dormir. Mas, era para dormir? Naquele pedaço do mundo não tinha polícia nem prefeitura. Quem mandava eram grupos dos "mano"! O *brother* era quem dava as cartas. Armamento pesado na mão. Alguns asseclas o cobriam. Tinham toda e qualquer menininha à disposição. Elas adoravam estar ali. Muitas tinham vindo forçadas. Mas, fazer o quê? A violência imperava. E não tinha dengo! Qualquer coisa era na base da porrada. No fim, acostumavam-se ao ambiente.

O *funk* comia solto. Revezavam-se os cantores. Primeiro tinham que pedir autorização para o Betão Maluco. Depois, podia ser alguém por ele que permitia. Cantar ali seria a glória para um cantor de primeira iniciativa. Ficaria com cartaz no pedaço, podia se aproximar do dono do pedaço e, quem sabe, ter uma "mina" dali.

Noêmia morava a duas quadras (não são bem quadras, mas pedaços de rua) dali. Quando chegava em casa, depois do trabalho de faxineira, por volta das quatro da tarde, já cansada, exausta, porque passava o dia todo agachava limpando chão, vidros, lavando roupa, varrendo e passando, queria descansar. Mas às sete começava o barulho. No início era música apenas para chamar o pessoal. Mas, a partir das oito o som era aumentado ao máximo e ninguém podia dormir. Era um desespero. Como descansar? Porque no dia seguinte tinha que acordar às quatro e meia, preparar o café para sua família, sair para pegar o ônibus, fazer conexão no terminal João Dias, no Jardim Mirante, aguardar outro ônibus, ir em direção ao centro e ali descer do ônibus e ainda andar seis quadras até chegar à casa dos patrões. Chegava perto das sete horas.

Depois de 12 horas ou mais de trabalho ainda era obrigada a voltar para sua casa e ouvir música *funk*. Até aí não seria nada se conseguisse dormir. Mas o som era do mais alto decibel.

Ainda tinha que ficar de olho no neto, para não deixar que saísse e fosse se juntar àquela população triste e carente. Ela tinha dignidade. Queria para o neto o que não tivera para si. Nem sua filha pode lhe dar qualquer educação. Mas ela não. Ela queria que o neto fosse alguém na vida. Não poderia deixar que ele fosse ao *pancadão*, porque o menino se desvirtuaria. Com certeza a droga o arrastaria para caminhos tenebrosos.

– Oh! Meu Deus. Não deixe que ele vá, nem que fique enturmado com aquelas pessoas horríveis, era o que pedia em suas orações. Noêmia era crente. Não protestante. Mas católica. Acreditava em Deus e a Ele se dirigia com todas suas forças quando necessitava de proteção para seu neto. Não se importava de não dormir e de trabalhar o dia todo. Descansaria aos sábados e domingos. Mas que Ele não permitisse que seu neto fosse se misturar com aquela gente.

Zé Maria obedecia à avó. Adorava seu jeito de ser. Mas achava que ela era "quadrada". Qual o problema de ir conversar com as pessoas e contatar as meninas que iam à reunião? Ele já estava com 15 anos. Já era época de se enturmar e, quem sabe, conhecer uma menina, pensava sorridente. Estava cansado de se masturbar. Ficar se escondendo. Mas era muito bom. O pensamento era livre e gostava de ficar se acariciando. Era gostoso! Era muito bom! Enrijecia o pênis, achava gostoso passar a mão em sua cabeça e ficar se masturbando bem devagar. Mas, lá vinha a vó e estragava tudo.

227

Zé Maria era adolescente, e você sabe como é. Irreverente. Ativo. Cheio de vida e de esperança. Gente querendo virar gente. Era inteligente e estudioso. Procurava informações a todo instante. Questionava muito não apenas os professores, mas também seus amigos e colegas. Estava sempre com um "porquê" na cabeça.

Era doido para ir ao *pancadão*, mas evitava, não apenas porque tinha um pouco de medo, mas pelo respeito pela avó. Ela o criara desde pequeno, na falta de seus pais. Mas sentia a necessidade de conhecer a vida como ela é, e não como a avó deixava que ele a visse.

Ao mesmo tempo tinha dó porque a avó trabalhava duro todos os dias e ainda não podia dormir à noite. Devia ser muito ruim. Ele sabe como é sono de adolescente. Ouvia a música até uma certa hora, depois o cansaço tomava conta do corpo e ele dormia. Mesmo porque, por volta das três horas da manhã o barulho acabava e aí dormia a sono solto. O problema era sua avó, que levantava às quatro e meia.

Dura vida.

Certa noite, Zé Maria escapou. Não aguentava de curiosidade. Disse à avó que iria só dar uma espiada e voltava em seguida.

– Zé Maria. Pelo amor de Deus, filho, não fique. Vá, dê uma espiada só para conhecer e volte. Tá bom?

– Tá bom, vó, vou e volto. Tranquilo.

Saiu às oito. Chegou de mansinho apenas para ver. Não queria se aproximar dos outros por causa da Covid-19. Ficaria a distância. Mas, chegou o Marquinhos.

– Oi Zé! Vem para cá.

– Não, obrigado, Marco. Vim só de passagem.

A música estava a toda. Havia um cantor – MC qualquer coisa. Não entendeu o nome. Mas não importava. Queria apenas curtir um pouquinho. Ninguém usava máscaras. As meninas, como de hábito, estavam todas sorridentes e cheias de confiança. Nem luva. Nem distância. Todo mundo junto. Dançando e bebendo.

Nesta primeira vez o menino atendeu à avó. Voltou rápido para a casa, porque ficou com medo da Covid-19 e porque viu chegar o Betão. Todos tinham medo dele. Logo que o viu resolveu ir para casa.

Da próxima vez fico mais, pensou. Não que curtisse o ambiente, mas queria ver como era e qual o comportamento das pessoas na frente do Betão. O que ele tinha a mais além dos capangas?

45.

Betelgeuse é uma estrela como as outras. Só que me encantei com ela. Tomei-a como minha. Cada um não pode ter sua estrela? Há muitas no céu. Acho até que mais do que tem de gente na terra. Assim, cada um pode ficar com uma estrela. Não dá para tomar posse dela, nem tê-la a seu lado para ficar acariciando-a. Mas dá para imaginar isso. Como se fosse um talismã. Um item precioso que temos a nosso lado. Dia e noite. Para conversarmos com ela. Para ouvir sua palpitação. Será que uma estrela palpita? Será que tem coração? Ora, se tem coração é porque tem sentimentos, e se é assim, ela pode gostar de mim.

Bem que eu gostaria de ter uma estrela só minha. Não por egoísmo, mas porque gosto tanto dela que não queria dividi-la com ninguém. É bom ter uma confidente. Contar segredos e ouvir os dela. Quantos segredos uma estrela não poderia me contar? De onde ela veio e para onde vai? Como é sua vida no dia a dia. Será que ela pensa? Sei que não é um ser humano. Mas é feita de matéria, e a matéria tem suas pulsações, sua finalidade, suas alterações.

Tudo no mundo muda! As estrelas também. Mas, o que será que as impulsionam? Se não são sentimentos, o que são?

Nossa! Como eu gostaria de ter uma estrela! Não sei onde a guardaria, mas com certeza iríamos ficar muito tempo juntos. Ela me contaria sua vida e eu lhe contaria a minha. Acho que a dela é mais emocionante. É que ela vive lá em cima sozinha. Eu aqui embaixo com um monte de gente. Ela tem privacidade. Eu não. Ela se movimenta. Eu também. Mas é diferente. Ela tem seu caos. Eu busco raciocinar. Ela tem seu caminho irreverente. Eu tenho minha racionalidade. Mas eu também tenho sentimentos. Ela não os tem. Será? Mas ela reflete na imensidão, e eu sou um pequeno átomo encarnado.

Nossa! Como eu gostaria de ter uma estrela! Não qualquer uma. Eu queria Betelgeuse. Acho que sonhei com ela desde criança. Aprendi a olhar e ver nela um monte de figuras, de bichos, de fantasmas. Ela nunca olhou para mim! Mas eu ficava olhando para ela para ver se olhava para mim! Não! Acho que não. Talvez uma vez só percebi que ela me encarava. Será que era imaginação minha? Será que não era a minha perdição que sentia ao enfrentar a estrela? Não, mas ela seria minha, como poderia me causar mal?

Nossa! Como eu gostaria de ter uma estrela! Não qualquer uma. Eu queria Betelgeuse. Só ela. Era a paixão da minha vida. Sentia como se fôssemos íntimos. Ela lá em cima e eu aqui embaixo. Mas distância não era problema. O que vale são os sentimentos. E eu adorava a estrela. Queria ela para mim. Iríamos trocar juras de amor ou de amizade? Ainda não sei por que não a conheço direito. Mas, dependendo de como pulsar o coração saberemos se nos amamos ou é apenas um flerte de amigos. Quem sabe?

Nossa! Como eu gostaria de ter uma estrela! Todas as outras são lindas também, mas nunca conversaram comigo. Nunca estiveram em meus sonhos. Nunca me acordaram à noite convidando-me para ir vê-la. Nunca falaram de nossa amizade nem de nosso amor. Nunca me falaram nada. Como posso gostar de alguém que nunca falou comigo? Betelgeuse fala comigo toda hora. Quando estou angustiado é a ela que recorro. Explico meu problema e ela me arruma uma solução. Só nunca disse a ela que estou apaixonado, porque ela pode ficar brava. Não! Não estou apaixonado por ela.

Minha paixão é maior que qualquer estrela. Mas tenho certeza de que Betelgeuse jamais iria entender isso. É que são paixões diferentes. Tudo é paixão. Mas, como eu faço para explicar para ela se sequer a posso tê-la comigo. Tê-la fisicamente. De braços dados comigo. Trocar carícias. Palavras suaves. Doces. Amenas. Abraçar um abraço apertado. Ela nunca me deixou fazer isso. Ela fica distante. Será que não quer se aproximar com medo de perder seu brilho? Será que ela quer continuar sendo a rainha do céu? Será que ela quer ficar distante com medo de se apaixonar?

Ora, só queria ter uma estrela! É tão pouco...

46.

– Pai, por que eu não posso sair de casa e ir sem máscara?

Estava feita a pergunta crucial.

– Você pode sair se quiser e ir sem máscara. O problema é que você corre o risco de contrair a moléstia, adoecer e morrer. É uma opção.

A resposta tinha sido dura. Contrapor liberdade à sanção.

Filosoficamente o problema é mais complicado. Por que obedecer? Qual o fundamento da obediência, se temos ou podemos ter liberdade de escolha? A liberdade é instintiva. Por que, então, sujeitarmo-nos à vontade de um?

Esta pergunta cruel foi feita por um filósofo do século XVI que morreu muito jovem e deixou uma pequena obra chamada *Discurso sobre a servidão voluntária*. Por que suportar alguém que manda em nós? Pior, não apenas obedecer, mas servir.

Muitas pessoas já nascem sob o jugo e, ao tomarem consciência de si, percebem que devem obedecer. Assim é a vida. Assim tem que ser. Nada mais natural. Não conseguem perceber ou sentir coisa diferente. Não há como mudar as coisas. Não se pode imaginar outra situação senão a obediência. Assim as pessoas habituam-se a obedecer.

Nem sempre é necessária uma causa racional para a obediência. Durante o vírus impunha-se a obediência. É que, caso isso não ocorresse, correríamos o risco de contaminação e, pois, de morte. Há um nexo entre a obediência e o nosso bem-estar. Mas, e quando não há isso?

Você pode perceber que sempre obedecemos a alguma coisa. Somos habituados a isso. Devemos obediência aos pais, ao irmão mais velho, ao cara mais forte da escola, ao professor, ao diretor do colégio, aos mais velhos. E por aí vai, um rol de pessoas, situações e instituições que nos comandam. Pode-se mencionar ainda a Igreja, as regras de boa vizinhança, às ordens do condomínio, à polícia, ao promotor, ao juiz, ao prefeito, ao vereador; enfim, há um inferno de ordens que incidem sobre nós e que temos que obedecer.

Assim, o mundo vai se impondo a nós. Como diz Boétie, "a primeira razão da servidão voluntária é o costume". [38]

Por que nos acostumamos a obedecer? Em primeiro lugar, é mais cômodo. Discutir, ponderar, arrazoar é mais difícil do que dar

---

[38] BOÉTIE, Étienne de La. *Discurso sobre a servidão voluntária*. São Paulo: RT, 2009, p. 47.

a conversa por finda e concordar. A liberdade é incômoda. Todos querem a liberdade que, como disse Cecília Meirelles, é palavra que o sonho humano alimenta, não há ninguém que explique e ninguém que não entenda. É palavra cheia de conteúdo. Ninguém quer ser escravo; mas poucos querem ser livres. É um oxímoro pavoroso. Real, mas difícil de entender. Veja só: Palavra que o sonho alimenta. Todos almejam a liberdade. Depois, ninguém consegue explicar, mas todos entendem o que seja.

Sartre disse que somos obrigados a ser livres. A todo instante temos que decidir. Desde o nascimento e quando nos entendemos por gente, temos que tomar decisões. Isso é torturante. Claro que é mais fácil ter as decisões previamente tomadas, porque não nos custa decidir. Assim, não somos obrigados a fazer escolhas. Mas nós as fazemos a todo instante. Salvo coisas naturais, como respirar, por exemplo, tudo na vida é feito de escolhas.

Você escolhe se vai ou não tomar café logo que acorda. Decide se levanta ou não. Qual café? Quer pão? Leite? Broa? Fruta? Suco? Tudo é decisão. Qual roupa que você irá vestir? Qual camisa? Terá que combinar com a calça? E o tênis ou sapato? De que cor? Quando você não tem nada disso as decisões são mais fáceis. É beber o que tem e comer o que está ali, ou passar sede e fome.

Se você vai sair, qual o caminho? É para não ficar como a Alice, de Lewis Carroll – se você não sabe o caminho a seguir, qualquer caminho serve. Mas você sabe que deve ir à escola. Esta decisão alguém já tomou por você. Apenas deve obedecer e ir à escola. E lá? Prestar atenção ao professor, fazer as tarefas, prestar atenção, não dormir, estudar, ler... É um infindável plexo de regras que incidem sobre você. Resta segui-las. Não há escolha. E você segue.

Por que não discutir a tirania? Devemos fazê-lo. O próprio tempo é um tirano que passa sem nos perguntar se pode ou não.

Segundo ponto importante a entrever é a prática de *sedução*. A emoção através de palavras. É a busca de um discurso que empolgue. São promessas fúteis, ocas, mas que despertam o desejo de acompanhamento. Ficamos seduzidos por discursos e promessas que buscam despertar nossos desejos. A utopia é sempre um desejo. A promessa de vida melhor é sempre uma tentação. A proteção, o amparo à família, o descortino de um serviço médico completo, o ingresso em universidade, a segurança contra o banditismo, a iluminação pública, a canalização de córregos infectados de mosquitos, ratos e baratas, a água potável, a retirada do lixo, o asfaltamento da via pública, o transporte fácil e barato. O discurso político é sempre atraente. E sob suas promessas eliminamos nossa resistência e aderimos à futilidade e aos encantos do discurso fácil.

Não sentimos a tirania. Aderimos a ela. Por covardia? Não, por comodidade. O costume de obedecer vem arraigado na maioria dos espíritos. Somente grandes mentes rejeitam a subjugação irrestrita.

Os romanos inventaram o pão e o circo para divertir as massas. Se elas estivessem alimentadas, o que queriam era o divertimento. Pouco importava quem os fornecia. Quem era o governante? Pouco importa. Se houvesse o que comer e um pouco de circo era o suficiente para manter as pessoas sob controle. Aí poderiam fazer o que quisessem. Não seriam perturbados. Poderiam assaltar os cofres públicos, matar, conquistar, escravizar, que ninguém se importaria. É como a poesia de Antonio Machado, quando disse que os algozes vieram e roubaram uma rosa do jardim e ninguém falou nada; voltaram e furtaram a casa e ninguém reclamou. Quando vieram para pôr uma faca na garganta já não adiantava a resistência, porque não havia gargantas para gritar.

A sujeição corre por tais valas. É o comodismo, a preguiça, o complexo de inferioridade; é o efeito manada. A obediência alastra-se por todos os ramos do conhecimento. Já não podemos discutir a economia, a política, o campo espiritual, porque todos os postos de comando se acham ocupados. E o mando e o poder compõem a estrutura mental das pessoas. Todos querem mandar e ter poder. Muitos são abúlicos e desprezam tais posições. Mas todos querem impor sua vontade ao outro.

– Você entendeu por que temos que obedecer? No momento que estamos vivendo, temos que obedecer para nossa sobrevida. Agora, os dados específicos, de não sair de casa, só sair de máscaras, fechamento do comércio, de restaurantes, bares, cafés, lojas, supermercados, shoppings, tudo, enfim, decorre de uma delegação que fizemos aos governantes. Sendo assim eles decidem, sem que possamos nos revoltar.

– O problema – prosseguiu – é quando as ordens ultrapassam os limites do que delegamos aos representantes. E aí? Se continuarmos obedecendo, seguimos como boi na manada. Aí impõe-se a rebelião, a revolta, o motim, a grita, a unificação dos descontentes para a resistência.

– Assim, quando há uma obediência racional, a ordens sensatas e que sabemos têm conexão com nossos interesses, a obediência se impõe para que tenhamos ordem e para que possamos exercer, então, nossa liberdade. Liberdade dentro de determinados parâmetros que delegamos aos governantes, ou seja, dentro da Constituição e das leis. Fora daí, há arbítrio e surge nossa resistência.

– Há, ademais, toda sorte de tentativa de dominação. As religiões nos obrigam a obedecer a um Deus criador ou a uma entidade superior de outro mundo. Os políticos a seus códigos de sedução. A polícia à lei. Os juízes a obedecermos sob pena de sanção. Os diretores de escola aos códigos de conduta. Os filhos aos pais. Se tudo for para haver harmonia a obediência se impõe. Mas temos que obedecer de forma consciente de que o fazermos para que todos possam conviver em paz.

Parece que o filho entendeu.

47.

O homem se achava o todo poderoso e jactava-se de suas qualidades de conquistador. Achava que tinha lábio doce e conversa fluida de forma a seduzir todas as mulheres. Em verdade, era bem apessoado. Alto, elegante, trajava-se muito bem. Tinha uma conversa inteligente, era carinhoso, falava manso, era gentil e atencioso com as mulheres.

Era casado com Alexandra, mulher de porte maravilhoso, elegante e bonita. Igualmente culta e inteligente. Formavam um par admirado.

Ocorre que ele, depois de dez anos de casado, já não se sentia mais vinculado ao compromisso da fidelidade que jurara perante o sacerdote. Adorava estar no meio de mulheres, e parece que estas não o desdenhavam.

Já tinha saído com algumas delas. Inclusive com uma amiga da sua mulher. Rita tinha sido uma de suas conquistas. Era muito ligada a sua mulher. Mas era apetitosa e charmosa. Não resistiu aos encantos do sedutor e teve com ele breve romance. Adélia igualmente não resistiu. Cedeu até facilmente. Mas não gostou do que viu e deixou o romance. A despedida foi com um tapa.

Agora, durante a pandemia, ele era obrigado a ficar em casa todo o tempo. Realizava seus serviços *home office* e não tinha como se misturar às mulheres para qualquer conquista. Sofria com isso. Vivia imaginando situações. Colocava seu computador num site *beeg* ou mesmo no *sexolândia* e se divertia com filmes eróticos. Excitava-se eventualmente. O vírus permitia isso. Tinha tempo para se dedicar à lubricidade.

Claro que Alexandra era mulher de se cobiçar também. Era muito elegante e bonita. Os homens viviam tentando se aproximar dela, lançando-lhe olhares e palavras sedutoras. Por vezes, um arriscava um afago de mão ou um toque no braço para ver se havia correspondência e se podia avançar o sinal. Nenhum conseguiu qualquer simpatia. Um sorriso de desprezo ou o afastar do braço e da mão significava que deviam se afastar.

Os dias de reclusão em casa, embora fosse bastante confortável, atormentaram o marido, que se viu restringido a algumas paredes de solidão. Já de há muito não tinha um relacionamento amoroso com Alexandra, que sentia o distanciamento. Aquele homem que a seduzira com mil encantos parecia tê-los perdido.

O homem estava indócil. Sentia-se enjaulado. Fera presa. Inconformado, além dos filmes eróticos que assistia, vivia mandando mensagens para diversas mulheres. Por vezes era correspondido e, então, iniciava um diálogo. Inicialmente falavam coisas triviais. Mas, na medida em que intimidade ia crescendo, ele começava a jogar situações ardidas. Dizia que tinha sonhado com ela. Insistia que tinha tido sonhos eróticos. Que ela o excitava bastante. Simulava situações de carícia. Dizia para ela pensar que suas mãos estavam sobre seus seios e que deslizavam sobre sua pele. "Pense que estou baixando as mãos no meio de suas coxas". A interlocutora deixava-o prosseguir.

A tentação era bastante grande. Os dois começavam uma sessão de carícias que não terminavam ou iam para a masturbação.

Um dia, Alexandra abriu a porta do escritório onde ele trabalhava e o pegou afogueado, em estado de extrema excitação. Tomou um susto. Virou-se para a porta, tentou esboçar uma explicação que não lhe foi pedida. Disse que era um telefonema de um cliente de fora do país. Era evidente que procurava se desculpar e escapar da situação de constrangimento. Ela bem percebeu. Mulher esperta que era, sabia-se traída. Não apenas ali, naquele exato instante, mas muitas vezes desconfiou ou teve certeza de que ele tinha saído com alguém.

Fazia de conta que nada sabia. Mulher inteligente. Esperta. Dava corda ao peixe. Deixava-o sonhar. Dava-se por desinteressada. Mas, no íntimo, sentia o abandono a que era relegada. Tornara-se artigo de segunda mão. Relação sexual ainda tinha, esporadicamente. Uma vez na semana, quando muito. Malfeita. Rápida. Sem carinho. Como que cumprindo um dever. Estava apenas desempenhando o papel de homem. O de marido já ficara para trás. Outras haviam assumido o posto sem o compromisso civil e religioso.

Alexandra pensava que não valia a pena refazer uma situação tão desgastada. Será que queria? O vínculo da paixão cessara; o do amor arrefecera; o desejo sexual acabara. O respeito já não existia. Recuperar o quê?

O marido jamais pôde imaginar que alguém tivesse tido a coragem de se aproximar de Alexandra. Tinha certeza absoluta que ela jamais o traíra ou o trairia. Tinha confiança de que ela, por seu caráter, não teria coragem de fazer qualquer coisa. Era religiosa demais para trair os votos de fidelidade que prestara perante o sacerdote por toda a vida. A Igreja ainda tem esse poder de sujeição, pensava o marido.

Por vezes tentara descobrir alguma coisa. Quando Alexandra não estava em casa, buscava em suas gavetas algum sinal de traição, mas nunca achara nada. Tinha-a por absolutamente pura e achava que ainda gostava dele. E muito.

Como em todas as situações, o homem ficava sempre desconfiado. Como conhecia a si e sabia que estava com uma porção de mulheres, por vezes tinha dúvida e ficava imaginando situações. Perfilhava todos seus amigos e conhecidos para saber se alguém teria tido a coragem de se aproximar dela ou de lhe dirigir palavras ao ouvido. Afastava todas as possibilidades. Sentia-se absolutamente seguro.

Orgulhava-se, então, de sua potência como homem. Ainda conseguia satisfazer Alexandra uma vez por semana e entendia que ela estava contente com o que tinha em casa. Ilusão das ilusões. Como ao homem falta conhecimento da alma feminina. Ela é sutil. Tece ideias como as teias da aranha. Seu pensamento não é detectável facilmente. Seu controle é total. Arrisca-se por vezes, mas se mantém alheia às emoções do momento. Permanece altiva e distante. Mas seus sentimentos são tecidos com agulha fina. Costurados com linhas imperceptíveis. Quem pensa que já penetrou por inteiro o coração de uma mulher equivoca-se completamente.

A mulher nunca se deixa apanhar de surpresa. Está sempre atenta a tudo que a rodeia. Detecta rumores. Sente olhares. Ouve o inaudível. Escuta emoções. É um fino radar dos sentimentos alheios. Seu sorriso é o de Mona Lisa. Indecifrável. Seu olhar é opaco quando quer e brilhante quando deseja. Seus lábios impulsionam sua mente. Seu corpo tem frêmitos controlados. Tudo, no entanto, está no olhar. É ali que ela se esconde. Observa, sente, mas não se trai jamais. É no recôndito da alma que as coisas se passam. Paixões, desejos eróticos, comportamentos formais, imponência, tudo está guardado a sete chaves. Ninguém devassa a alma de uma mulher.

Dizem que *la donna è mobile*. Mas só na ópera *Rigoletto*, de Verdi. Não é uma *piuma al vento*. Ela finge emoções. É autêntica quando quer, mas sabe se dominar para fingir situações.

É o que o marido não havia compreendido.

48. Clinâmen

José Maria nem acreditou quando viu átomos girando sobre sua cabeça. Olhou apavorado para o lado ver se alguém lhe dava alguma explicação. Mas, quem poderia fazer isso se não havia alguém. Estava sozinho há muito tempo. Em tempos de pandemia era comum ter alucinações, decepções e, especialmente, entrar em depressão. Esta aparece quando menos se espera.

Não há uma causa específica. O sintoma é o humor. Quando você fica sozinho muito tempo começa a perder a capacidade de sentir prazer ou alegria. Começa a perder o sabor das coisas. Durante muito tempo e quase como vício você faz palavras cruzadas. De repente, então, perde o prazer de fazê-las. Nem sabe como pôde se divertir durante tanto tempo com um assunto tão prosaico. Tudo parece meio vazio.

Pouco importa a causa da depressão. Ela pode vir por força da sua família, por exemplo. É genético. Por vezes há deficiência de substâncias cerebrais que mudam seu apetite, sono e humor. Também advém de eventos estressantes. A morte de alguém querido leva o indivíduo a não sentir a ausência, mas lamentá-la.

A religião também pode ser causa de frustração, do não encontro, da decepção, da incongruência em viver em um mundo sem sentido. A náusea sartreana.

José Maria já ouvira falar de muitos casos e tinha ciência pessoal de alguns. Dependência de álcool ou drogas leva o indivíduo a buscar isolamento e, pois, a procurar soluções que só existem com bom-senso. O senso comum é fundamental para superar o obstáculo. O entreter-se no dia a dia. Buscar ler, escrever alguma coisa, corresponder-se com alguém, apreciar filmes na televisão, ocorrências no celular, tudo serve para a distração continuada. Por vezes sobrevém uma atenção seguida por desatenção e, depois, volta à rotina do pensamento depressivo.

A pessoa passa a não se distrair, a sentir-se peso morto para a família, filhos, pais e todos que o rodeiam. Distancia-se de amigos. Começa a falar em morte. A depreciação pessoal passa a ser constante.

Toma conta do indivíduo a preguiça e o cansaço. O pensamento fica lento, deixa de se concentrar em coisas que antes lhe eram essenciais. A leitura, por exemplo, que era uma forma de conhecimento passa a ser desgastante. A procura por pertencimento a grupos de correspondência deixa de ser interessante. Amigos ligam e você procura não atender, dizendo que chamará mais tarde, e não devolve a ligação.

Você passa a ser um urso no relacionamento. Desinteressa-se pelos outros, perde o apetite, fica horas olhando para um ponto qualquer no mundo que inexiste. Incomoda ficar sentado; levanta-se e não quer andar. Fica sem ação.

José Maria estava vendo átomos o voltearem. Parecia uma onda de pontos que rodavam a seu redor e à sua frente. Intensamente Flocos passavam e voltavam numa animação contínua e desesperadora. Ele ainda não fazia noção do que era. Inicialmente, divertiu-se com a brincadeira incessante. Lembrou-se da física quântica. Era isso. Estava com pensamento evoluído e o que via eram átomos caindo no vazio, trombando com outros, revigorando-se, subindo e descendo, correndo pelo corredor do seu apartamento. Sem rumo. Caoticamente.

Ouvira falar que a filha da empregada de 20 anos tinha ficado depressiva. O hotel que frequentava tinha tido inúmeros casos de empregados que, por serem obrigados, durante a pandemia, a ficar em casa, sem ter o que fazer, tinham perdido o senso comum. Os funcionários públicos sentiam-se sem condições de voltar ao trabalho porque haviam perdido o ânimo de atender o público. Os que trabalhavam em padaria estavam com dificuldades de enfrentar o retorno. Sentiam-se desamparados e com medo de retomar a rotina. Os que trabalhavam em bares estavam meio sem vontade. Mesmo os que ficaram trabalhando em *home office* já não queriam voltar aos escritórios porque sentiam que podiam ficar por ali mesmo. O contato com gente passou a ser um problema.

José Maria tinha um amigo que se habituara a ficar em casa e beber grandes bules de café. Ficara de certa forma dependente. Como voltar e não poder tomar seus cafés e na quantidade a que se habituara? E o esporte que fazia dentro da sua casa, como faria no escritório? Não poderia combinar.

A depressão é um mal que alcança todos. Não sabemos diagnosticar suas causas, porque é doença sub-reptícia. Apanha-nos aos poucos. Devagar. Vai destruindo nosso dia a dia aos poucos. Impõe-nos outro dia a dia. Depois, difícil retornar. E os pensamentos que nos consomem e nos indicam a reta da morte, do suicídio, como lidar com eles?

José Maria estava vendo átomos ao seu redor. Mas sabia contê-los e fazê-los jogar o jogo para si próprio. Ele os dominaria. Não era fácil. Era um jogo complicado e complexo, mas poria em ordem seus pensamentos. Chamaria Vera para o seu lado. Ela é uma peça esfuziante do seu corpo. É uma imensidão que toma conta de tudo. Afogueada, libidinosa, a própria encarnação do amor. Ela o ajudaria a combater os átomos. O clinamên não seria problema ao lado dela. Era seu desejo de tudo.

Não teve dúvidas. Pegou o celular e chamou Vera. Ela estava meio escondida também, com medo do vírus. Mas estava resguardada há tempos, e pensou que, como ele estava também em isolamento, juntar dois isolamentos poderia ser bom. Não teve dúvida em vir. Apanhou seu carro e entrou no apartamento de José Maria. Ela estava também com início de depressão.

Ambos deixaram de ver átomos. Graças a Betelgeuse que os uniu. A estrela veio em socorro dos dois. Amaram-se.

O medo era que depois de algum tempo os átomos voltassem.

49.

Muita gente tenta pôr a culpa no governo pela origem do vírus. De início, imputou-se à China a responsabilidade. Depois, a governos que demoraram a tomar qualquer providência preventiva (fechar fronteiras, instaurar hospitais de campanha, determinar que as pessoas usassem luvas e máscaras, fechar locais de aglomeração, proibir manifestações de rua). Alguns entenderam que a imunidade decorreria do contato, e assim se estenderia a todos. Claro, alguns morreriam para que outros sobrevivessem.

O curioso é que aí não entra a ação humana (na origem da moléstia). Ou é culpa anônima. Parece que tudo adveio do morcego chinês. Esparramou-se pelo mundo levado pelo contato com chineses e depois foi transmitido pelo perdigoto. Daí, um simples susto virou pandemia.

Ademais, pelo tempo de incubação não é possível saber se você é hospedeiro do vírus e pode transmiti-lo. Também há que se contar com os que são assintomáticos. Tudo leva à perplexidade.

Os responsáveis pela saúde divergem. A Organização Mundial de Saúde dá sinais dúbios; os governos de alguns países também. Tudo gera perplexidade ao que se ouve nas notícias, mas não se sabe interpretá-las devidamente. As *fake news* ajudam muito a criar confusão nas pessoas.

Alberto e Madalena discutiam sobre isto. Ela entendia que o governo havia fracassado redondamente. Ele sustentava que o governo havia tentado não despertar ansiedade e desespero coletivo no povo.

– Mas você acredita nisso? O presidente foi imbecil em querer esconder o problema e dizer que era uma "gripezinha", que ele tinha corpo atlético (imagina, depois de uma facada e estar barrigudo), que a economia não podia ser prejudicada. Um total incompetente.

– Não é bem assim – respondeu Alberto. – É que ele não quis gerar perplexidade. Achava que o problema seria passageiro. Ele não soube avaliar a dimensão do estrago, isso é verdade, mas procurou criar entusiasmo junto às pessoas para enfrentamento da crise.

– Nossa, o pior cego é o que não quer ver! Como você pode crer nessa versão? Você sabe, isso não é verdade. Ele se mostrou capacho dos Estados Unidos e quis seguir a mesma orientação deles. Veja o estrago que deu! Lá e aqui.

Assim ia a discussão, cada qual apresentando seus argumentos. Mas, para não estragar o relacionamento, quando chegavam a determinado ponto, eles desaceleravam o calor dos argumentos para que não atingissem maiores e mais agudas emoções. Sabiam como evitar aquilo.

Em verdade, em matéria política todos discutem e ninguém tem razão. Todos concordam que administrar um país, um estado ou mesmo um município é matéria complexa. O que importa é a visão do estadista, do político. Muitos apenas enxergam as coisas por baixo. Não conseguem erguer a cabeça para ter visão global dos problemas e, assim, as soluções saem aquém do pretendido. O grande político tem que se agigantar. Tem que saber tomar as decisões na hora certa. Não pode ter medo de errar. O erro integra o raciocínio. Basta estar assentado o julgamento sobre uma premissa errada e o resultado será negativo. Mas a arma do grande político é o risco. É a ousadia, o cálculo, o destemor de tomar decisões. Muitos acham que o grande homem não pode cometer equívocos. Ora, ele os comete a todo instante, mas é preciso saber retroceder de uma decisão mal tomada, desculpar-se e agir de forma diferente e segura.

Todos os casais discutem erros e acertos da política, seja em pequenas comunidades ou nas médias, e as soluções globais de um país ou universais. Hoje, qualquer desvio de conduta em um grande país repercute em todos os demais. Especialmente as decisões econômicas. O mundo está integrado. É um só. A globalização leva à pluralização dos efeitos. Os atingidos estão em toda parte. Para o bem e para o mal.

Em verdade, a culpa era de ninguém. Todos têm parcela de acertos e erros. Muitos acreditavam estar tomando a medida certa. Demonstrou-se o equívoco da solução. Paciência. Muitos morreram. Quem é o culpado? Simplesmente, o mundo.

Talvez uma das irmãs de Betelgeuse. Quem sabe se um pó não se desgarrou de uma das estrelas, aquelas maravilhas que brilham nos céus para nossa alegria? Você já reparou no céu? Ele não é maravilhoso? Não estou falando de um lindo dia ensolarado. Não. Falo da noite, com todos seus segredos. Se em cada coração há um segredo, imagine quantos mistérios não possui o céu! Astros que giram descompassadamente, que bailam tangos, valsas e boleros aos pares ou sozinhos. Melhor seria ouvir os negros e seus compassos descontrolados ao som dos atabaques. Isso sim é música.

245

Embriagada, desnorteada, com volúpia de rodopios, tais como os dados pelos dervixes. Quase integrantes das ordens mendicantes, mas que rodopiam aparentemente sem rumo. Gestos maravilhosos de dança anônima acompanhados por gritos, mistérios e desejos.

Tudo tem seu paralelo. Os negros africanos igualmente se soltam em bailados arriscados, quase bêbados, ritmados por atabaques. Os dervixes, bem longe dos países dos negros, igualmente dançam e saltitam animados por mensagens do além. Tudo se encontra no mundo, embora pareça tudo dessemelhante. Mas cada compasso gera outro, igualmente forte de resistência às cacofonias sociais. Ruídos que desconsideram a identidade de almas.

Tudo parecia igual em sua desigualdade. Acumulavam-se oxímoros. Na arte. Na dança. Na poesia que divergia da filosofia para saber qual delas é mais profunda. Uma como arte de compreender o mundo; outra, já o compreendendo.

Nada disso passava pela cabeça de Alberto e Madalena. A discussão entre eles era sobre as medidas tomadas pelos governos, embora ignorassem a beleza dos passos dos dervixes e da arte gigantesca dos negros africanos.

As irmãs de Betelgeuse estavam distantes de tais discussões. Pairavam no cosmo soberbas, indiferentes. Olhavam para os humanos e não compreendiam seus desencontros. Como poderiam se preocupar com tanta bobagem diante da imensidão dos céus.

50.

– Este sistema binário de solução de problemas não funciona mais. Anteriormente você dividia o mundo em esquerda/direita, comunistas/liberais, ricos/pobres, e, mais antigamente ainda, em clero/

nobreza, nobreza/escravos, católicos/evangélicos, heterossexual/homossexual. Tais divisões são confortáveis para dividir o pensamento e enquadrar as pessoas. Agora, a cibernética mudou tudo.

– Um exemplo prático – acrescentei – é a educação em todos os países. Com a pandemia do coronavírus, as aulas passaram a ser dadas por mecanismos eletrônicos em alguns aplicativos. A tendência é que isso seja aprimorado. As aulas em sala serão lugar do passado. É que as pessoas não perceberam que fechadas em uma sala, o professor falando, fazendo anotações a giz na lousa e os alunos fazendo que prestam atenção é coisa que realmente não tem mais sentido. Hoje, você identifica um tema, dá as fontes de pesquisa e só falará com eles uma vez na semana para saber quais dúvidas têm.

– O papel do governo – segui – precisa ser repensado. Deve ser mais incisivo em alguns setores e abandonar outros? Em termos educacionais, por exemplo, não pode mais pensar em construir escolas. O que era um bem anteriormente, hoje virou coisa sem sentido. Vale mais você adquirir aparelhos, computadores, celulares e distribuí-los gratuitamente e dar indicações de como e onde os alunos deverão acessar para ter aulas ou obter todas as informações relativas às atividades estatais. Em termos de saúde, vale também consultas por mecanismos eletrônicos do que enfrentar longas filas em hospitais e centros de saúde.

Logo não teremos moeda física. Tudo se fará por transferência bancária. Os atendimentos em bancos serão *on-line*. O gerente tende a desaparecer. Todo atendimento, pagamentos, tudo será feito através do celular. Diga-se o mesmo em relação às compras. Você viu como deslancharam as compras diretamente dos supermercados? Mesmo estes terão vida restrita. É que basta você acessar o *site* e pedir o que quer. Imediatamente verá o preço das mercadorias adquiridas, efetuará o pagamento e elas serão entregues no local indicado.

Os julgados dos tribunais serão todos por videoconferência. As testemunhas assim também serão ouvidas. Os julgamentos pelos tribunais do júri perderão o encanto dos oradores brilhantes do passado. O tempo de sustentação de acusação e defesa será bem menor. Explicitação de argumentos. Só.

As reuniões em grandes escritórios serão também *on-line*. As grandes salas serão diminuídas e as pequenas alugadas para trabalho individual.

O mundo está mudando rapidamente e não percebemos. A guerra não será mais com espadas, floretes, revólveres, espingardas, rifles ou metralhadoras, nem obuses, tanques ou bombas. O mundo está muito curto para isso. Os grandes ataques serão cibernéticos. A guerra química será passado. Ela voltará em termos cibernéticos. O ingresso nos segredos de Estado de qualquer país será imediato, por mais defesas que tenham, e serão revelados. O país ficará exposto perante a comunidade internacional. A estratégia de tropas será brinquedo de criança. Os grandes cérebros não serão desperdiçados em guerra, mas em provisão de alimentos para a população.

O futuro próximo é: Como alimentar o mundo? Surgirão alimentos químicos que superarão os naturais? Não a adubação química, mas pílulas que possam suprir as carências alimentares de cada um?

As desigualdades sociais têm que ceder. Não mais tem sentido olhar e ver tanta gente na pobreza e uma casta de ricos. O problema não é religioso. É político. É trabalhar os sentimentos das pessoas (especialmente dos poderosos) para que possam dividir um pouco. O poder deve ser repartido, mas para se criar a filosofia do rebanho anunciado por Nietzsche, para inserir as populações ribeirinhas e periféricas ao menos na alimentação. Evitar-se-á, então, uma nação de mendigos, anões e carentes. Ninguém quer isso, mas nada se faz para alterar tal situação.

Existem as desigualdades pessoais e físicas. Isto é da natureza. Mas as desigualdades sociais, nós as criamos. Ao longo da história, com párias e escravos. Domínio pela ignorância. Construção de muros. Separação em castas. Feudalismo. O empregado e a mais-valia. Nós segregamos por etnia, por opção de gênero, por capacidade intelectual, estamos sempre separando. Por isso é que o sistema binário não funciona mais.

As separações nós as criamos na mente, observando o mundo. Primeiro por ato de conhecimento; depois por ato de juízo. Mas o mundo continua o mesmo. Separamos por vontade própria, para vivermos em um mundo só nosso. A situação de pertencimento nos faz agregar aos que são mais poderosos e ricos, e assim, pela convivência, passamos a nos comportar como eles. São os porcos de Orwell. Animalizam-se pelo contato. Não percebemos as transformações, mas elas ocorrem e mudam nossa mente. São seletivas no início, mas se perdem ao longo do tempo.

Daí a importância de compreendermos o mundo como fluxo de vida. Ele não se sedimenta nem se detém por qualquer ação. A eternidade é uma coisa; tempo é outra, e fluência uma terceira percepção. O passado já foi; o futuro ainda não é, e o presente é fluência, porque quando realizamos uma ação ela já é passado. Não detemos o tempo com as mãos nem com a mente. O passado sempre volta. A mente, neste sentido, não é um repositório de situações passadas que mantemos compartimentadas na mente. Não, o passado está aqui e agora, porque ele nos acompanha para o futuro. Não se desapega de nós. Vem junto. A memória não é estanque, mas fluida também.

Se é assim, como tornar binário o mundo? O mundo é uma série de pequenos mundos. Sempre foi assim. É nossa mente que teima em parti-lo. Os grupamentos sociais não estão divididos em dois, mas em uma pluralidade indeterminada e indeterminável. Antigamente, havia as tribos e os clãs. Hoje, pequenos e grandes Estados. Estes se subdividem em regiões, cada qual com suas peculiaridades. E dentro delas um complexo de diferenças que lhe dão feição especial. O mundo é plural. As tribos continuam aos milhares.

Divisões sem fim. Línguas sem fim. Costumes diversos. Mentalidades fragmentadas. Tudo isso se reflete nos sentimentos. Quem analisa a alma sabe disso. É um mundo infindável de indagações. As soluções são sempre provisórias. O caos é o começo, o meio e o fim. Não há ordem. Cada átomo trabalha por si com movimentos diferentes. Já examinaram o cosmo? É uma ordem ou o caos? Deve haver uma sequência natural de movimento. Mas a toda hora chocam-se. Estrelas explodem. Astros gigantes atravessam o universo com risco de colisões. Cometas. Como pensar de modo pequeno?

O sistema binário não explica o mundo.

51.

Na taba, os indígenas estavam desesperados. A cultura médica não consegue enfrentar moléstias novas trazidas pelos brancos. O curumim estava doente, com dificuldade de respirar. Febril, tossia muito, seu organismo se debilitava.

Não havia médico nem remédios. Não tinham como se deslocar com a piroga, chovia muito forte. O pajé tentava aplicar medicamentos advindos da floresta, mas a moléstia era surpreendentemente nova. Não se conheciam ervas que pudessem enfrentá-la.

O socorro do homem branco não chegava. Nem havia como levar a criança para tratamento. O vírus não perdoava. Alcançava todos. Muitos pensavam que ele só atingia os adultos de mais idade. Não era verdade. Lamentavelmente, instalara-se no corpo da criança sem defesa.

Sua aldeia não recebia qualquer proteção. Permitiram que estrangeiros ou brasileiros contaminados a visitassem. Evidente que não havia dolo nessa conduta, mas culpa sim. Era previsível que alguém de fora trouxesse o maldito germe.

O menino não sabia de sua moléstia. Pensou que contraíra uma gripe. Em sua inocência, pedia ao espírito da floresta que o acudisse, mas sem resultado.

O menino olhou para sua mãe que, impotente, apenas apelava ao pajé, sem noção do problema que enfrentava. Em seu contato com a Funai lhe fora dito que provavelmente o mal era externo e que levaria alguns dias até chegar o socorro de enfermeiros e médicos habilitados. Mas o corpinho débil não podia esperar.

Restava a esperança. Você tem ainda o rio para nadar e pescar. Você tem a floresta para caçar e correr e conhecer seus segredos. Você sabe que as árvores falam e que os pássaros transmitem mensagens em seus trinados. Você sabe que as águas dos córregos guardam segredos milenares. Você sabe que as folhas contêm nervuras longevas e caem, mas se recuperam e voltam às árvores. Você sabe que as flores têm aroma que ninguém conhece. Só você. Você sabe que os animais respeitam os indígenas que os agridem. Só matam para alimentar-se e à tribo

Como esperar a vinda de um vírus para buscar um indiozinho puro? Índio que respeita Tupã, que vive a floresta como sua casa, que adormece à luz da lua. Que tem as folhas das árvores por mortalha. Somente eles sabem o convívio com a mata.

Vírus maldito, saia do corpo da criança. Não a atormente. Indiozinho, se a lua não socorrer você, vou pedir a Betelgeuse que console você. Que salve você. Que ela descubra o segredo desse mal e o extinga. Ela pode conversar com a lua para que jogue sobre você raios de proteção. Ela pode conversar com suas irmãs e formar uma rede protetora. Ela pode apelar para os raios do sol que também têm poder curativo. Pode pedir aos rios que joguem sobre você água abençoada pelos deuses das matas.

Mas nada disso resolve. Os brancos abandonaram você. Os poderes da floresta não estão se movimentando. Tudo está em silêncio. Silêncio envergonhado. Silêncio tenebroso. Seu corpinho não está resistindo. Fique, indiozinho, fique. Não vá embora. Desobedeça as leis da natureza e não vá embora. Vou pedir a Cloto, Láquesis e Átropos, as deusas que coordenam os cordéis da vida, para que não cortem o fio da sua. Átropos há de ser compreensiva e falar com Láquesis que continue fiando para que sua vida não se extinga.

Mas o corpinho definha. A mãe o olha com desespero, mas com compreensão indígena. Pena que o homem branco veio, tomou conta da terra e trouxe suas doenças. Genocídio. Eliminação da defesa imunológica. Queda dos caciques. Mortandade, sujeição, escravidão e doenças foram a herança do branco.

O corpinho não está resistindo. A mãe ainda lança um último olhar de desespero ao pajé. Suas drogas não dão conta. Seu conhecimento esbarra em moléstias desconhecidas. O pajé dança invocando os deuses da floresta. Nenhuma resposta.

O corpinho está exangue. Já não suporta a asfixia. Procura respirar fundo, mas a natureza lhe nega a vida.

O espírito da floresta não escutou o lamento desesperado da mãe. Nem do filho. O espírito da criança começa a alçar voo. Vai se encontrar com seus antepassados. Quem sabe seu avô o espera para ensiná-lo a caçar do outro lado da vida.

O corpinho não resistiu.

52.

Toda manhã, por volta das oito horas, Helena se preparava para acessar a sala de aula da professora. Eram diversas matérias. Agora era aula de História. Ela gostava de saber como era o passado. Tudo começava pelo Egito. Estudou a construção das pirâmides, o poder dos faraós, os conflitos pela sua sucessão. Para Helena eram visões vivas da humanidade.

Uma das questões que se fez foi: Por que estudar o Egito se não sabia a história do seu país. Ouvira falar de D. Pedro I, da Marquesa de Santos, histórias saborosas sobre D. João VI, mas não conseguia entender a fuga da família real para o Brasil, nem por que os indígenas foram massacrados e educados em outra religião, se tinham seus mitos e seus deuses.

O Egito era um país de que só conhecia por fotos das pirâmides. A professora falou também do Nilo e que o Egito era uma sua dádiva. O que é dádiva? Perguntou à mãe e ela esclareceu. Ah! Bom.

Perguntava se não era mais importante estudar a floresta amazônica ao invés do Egito. Se assim fosse, poderia entender melhor as discussões em torno da queimada das florestas, do garimpo e da derrubada das matas para cultivo de soja e outros produtos. Se morava no Brasil, qual a importância de estudar o Egito?

Não que não fosse uma coisa esplendorosa: as pirâmides, as esfinges, os camelos, o deserto, a vida dos tuaregues e de todas as outras comunidades e países que faziam fronteira com o Egito.

O Nilo e suas enchentes. Os crocodilos. Todo o mistério que aquela gente guardava como cultura. Os mitos fantásticos. Os relatos sobre Isis, Osíris, Seth.

Embora fosse muito jovem, tinha curiosidade em saber por que a gramática brasileira não adotava uma linguagem mais acessível aos moradores da periferia. Eles não falam como a gente. Têm linguajar próprio, mas nas cartilhas não aparecem essas variações linguísticas. Será que eles compreendem a linguagem erudita?

Claro que ela ainda não tinha maturidade para compreender esses problemas, mas punha-se a pensar. Quando não estava com o celular ou o iPad ela queria correr pela casa, discutir com seu irmão, brincar, assistir *lives*, conversar com as amigas. Aí não pensava em nada. A vida lhe parecia suave.

Ocorre que tinha de voltar às aulas *on-line*. Outra professora, outra matéria e mais problemas em sua cabecinha. Agora era português, de que gostava. Estudava os verbos como ação. O sujeito que devia ter um predicado. Os pronomes. Gostava ainda mais quando a professora mandava ler um livro. Machado de Assis, José Lins do Rego, José de Alencar.

A professora não estimulava o estudo da versão que se pode dar a um romance. Era apenas leitura. Sem espírito crítico. Sem análise. Sem estudar o que está por detrás do texto. Apenas leitura. Será que a professora também não sabia? Um romance é uma história, pensava. O autor imaginava a história, montava os personagens, compunha o enredo e escrevia. Só. Era o que sabia, porque não lhe foi explicado que além do relato há um sentido. Por vezes, o autor expunha um problema interessante. Uma análise psicológica dos personagens; talvez uma traição; quiçá um jogo entre passado e futuro; uma alegoria; a renovação de um mito. Enfim, havia muitas possibilidades. Helena não estava habituada a pensar assim porque a professora não ensinou. Há duas versões: o mero relato ou a interpretação. Ela não fora habituada a interpretar. Simplesmente a ler.

Esse é um problema do ensino moderno. Ler sem espírito crítico. Não se ensina a criança a ter atenção aos detalhes da leitura. A compreensão do texto exige ponderação sobre o que o autor quer dizer. No mais das vezes, não diz. Subentende. É necessário extrair do autor o que ele tem no fundo de sua alma. Relatos de traição contêm inveja; o desprezo revela uma alma amargurada; um gesto de carinho manifesta religiosidade; mesmo uma manifestação religiosa pode ser interpretada como desprezo.

Em tempos de pandemia, Helena não tinha como questionar a "tia", porque ela estava distante. Muita gente ouvindo. Os alunos poderiam não entender o que ela queria dizer. O que é interpretar? O que é questionar o sentido do texto? O que é buscar o recôndito da alma do escritor?

Ora, Helena ainda estava muito nova para tantas questões, tantos problemas. Afinal, estava apenas começando a vida. Para que indagar sobre tudo isso? O mundo podia ser mais simples e evitar tantos "por quês".

53.

A mãe dizia que o pai não prestava. O menino não entendia bem o que era isso, mas achava que não era coisa boa. Não por nada, mas pela forma como a mãe dizia. O pai ficava desesperado. Disse ao filho que a mãe falava essas coisas porque tinha um namorado. O menino também não sabia o que era aquilo.

Havia se instaurado um conflito horroroso entre o casal. Estavam casados há cinco anos. No começo só festas, alegria, romance, viagem de núpcias, promessas de fidelidade e de cordialidade. Tudo eram rosas.

Certa feita o marido resolveu sair com uma colega de serviço. Chamava-se Shirley. Era bastante interessante, mas não tão bonita e elegante quanto Rosa, nome da sua mãe. A convivência no dia a dia. As mesas bastante próximas. Ela passou perto dele e fingiu um esbarrão. Pediu desculpa e sorriu. Ele sorriu em retribuição.

Alguns dias depois ele a convidou para um almoço, longe da vista dos colegas, para evitar comentários.

No almoço a conversa ficou mais íntima. Ela jogou seu charme. Sabia-o casado. Não se importou. Ele apressou-se a pegar sua mão. Os olhares se encontraram. O desejo surgiu rápido. Como fariam? Ele se habituara a sair do emprego e ir para casa. Ela também, pois era casada.

Ocorre que não podemos brincar com os deuses. Eles é que brincam conosco. Eros pôs o amor no coração de ambos. Não foi bem amor. Como um deus brincalhão, é ele quem comanda o desejo. Platão explica no *Banquete* que desejo é não ter o que se quer e, na medida em que se tem, já não se quer mais. Simples assim. Brincadeira dos deuses.

Começaram a sair juntos. Ao final do serviço iam a um pequeno hotel que alugava quartos para rápida permanência. Disse em casa que estavam fazendo horas extras. Horas extras em plena pandemia? A mulher duvidou, mas a repartição em que ele trabalhava era de encaminhamento de exames médicos e sua liberação. Logo, não podia parar, ainda que em plena pandemia.

O hotel fingia-se fechado, mas estava aberto para casais. Um acerto com a polícia tinha resolvido o problema.

Enfim, os deuses do amor arrumam as coisas. Pena que o diabo as estraga logo depois.

Num primeiro momento Rosa sentiu um perfume estranho de má qualidade. Soube de imediato que alguma coisa não ia bem. Matou a charada: o marido a traía.

Ficou quieta. É a arma dos que querem flagrar uma traição. Arrumar detetive? Não tinha dinheiro para isso. Não hesitou: Às quatro e meia (a repartição fechava às cinco) saiu e foi até a porta da empresa em que ele trabalhava. Aguardou a saída. Xeque-mate. Ele saiu bem lampeiro com Shirley. Não sabia o nome dela. Veio a saber depois de averiguações.

Quando ele a procurou para fazer sexo, que tinha rareado bastante, afastou-se e pediu explicações. Não aguentou. Soltou tudo o que sabia sobre ele, que ficou quieto diante da contundência dos fatos. Ela tinha visto. Sabia com quem saía, aonde iam. Não tinha como negar.

Num primeiro momento explicou que não era isso. Apenas uma saída. Mas, quanto mais explicava, pior. O menino assistia a tudo.

Ela lhe disse que saísse de casa e queria o divórcio.

Ele ficou mudo. A criança assistindo. Ela o chamou de todos os nomes. Ele retrucou. Quase saíram aos tapas. Ele concordou em sair, mas queria o filho. A mãe virou uma fera. Inclusive ia pedir ao juiz que proibisse visitas. Ele traíra sua confiança, enlameara a casa, conspurcara a vida do casal. Abandonara o filho.

Ele tentou conversar com a criança que a tudo assistia aturdida. O mesmo ocorreu depois que ele deixou a casa. Tentava conversar com o filho. A mãe, no entanto, explicara ao menino o que havia ocorrido.

Ele tentou fazer a cabeça do menino contra a mãe. Começava a alienação parental. Ninguém sabia bem o que era isso, mas ela ouvira dizer que era proibido por lei que o pai jogasse a criança contra a mãe. O juiz podia afastar da convivência o cônjuge culpado. E ele era culpado.

O conflito continuou por meses a fio. O pai insistia em passar na casa, mas Rosa resistia. Ela ainda tentou conversar com o marido para ver se os esquecia de vez e fosse viver com a amante. Ele não se conformava.

O pai começou a insinuar que a mãe tinha problemas mentais e disse isso ao menino. Este nada falava. Ouvia e assistia a tudo. Ainda não tinha idade para compreender o que se passava. Gostava dos dois. Mas o pai começou a dizer coisas sobre sua mãe que ele, embora não compreendesse, não gostava, pois percebia que o pai a ofendia.

O menino foi levado perante o juiz. Antes, o pai encheu sua cabeça para que dissesse coisas agradáveis sobre ele. A mãe usou a mesma estratégia. Mas estava segura. porque ele não tinha qualquer acusação contra ela. Até que gostaria de uma reconciliação, mas, por problemas pessoais e com sua família, não poderia ceder.

O menino se tornou um joguete fácil na mão de ambos. Joguete da ira dos pais. Instrumento do seu ódio.

O juiz explicou a situação. Ele estava sendo vítima da síndrome de alienação parental.

54.

A televisão mostrava a abertura de inúmeras valas para enterro dos mortos pela Covid-19. Nós olhávamos para a televisão e não atinávamos com a dimensão da tragédia. Quantas vidas foram perdidas? Quantas famílias destroçadas? Quanta tristeza envolvia tudo aquilo! Algumas eram vítimas da comorbidade.

– O que é isso, pai?

— Comorbidade é a ocorrência de duas ou mais doenças relacionadas com o paciente de Covid-19: obesidade, alcoolismo, diabetes. Paciente de altíssimo risco.

A matéria continuava com o número de mortos no Brasil, que era muito elevado em relação a outros países. Claro que aqui havia tido desencontro entre esferas governamentais, divergência entre procedimentos a ser adotados, má compreensão de decisão judicial, má vontade política. Tudo levava a uma falta de decisões políticas de forma a diminuir a gravidade do problema. Especialistas opinavam de forma diversa, governadores reagiam de forma equivocada aos apelos dos munícipes. Prefeitos davam uma ordem, governadores outra, e o governo federal se omitia.

Enquanto isso, milhares de pessoas eram mortas. Falta de política pública adequada combinada com a desconsideração dos agentes públicos e desobediência civil. Era um apanhado de situações que levava ao crescimento dos casos de infecção.

A moléstia veio importada da China em aviões das classes primeira, executiva e econômica. Chegou inicialmente nas casas dos ricos. Depois, disseminou-se pela sociedade.

Existia vida após a morte? O que um fantasma diria ao outro? Para onde iriam? A alma sai do corpo ou é o corpo que falece e deixa a alma sem ter para onde ir? Não é a alma que dá vida ao corpo ou é o corpo que sustenta a alma enquanto quer?

Será que as almas bailavam? Mas, por que teriam alegria se deixaram os entes queridos na terra?

Eu queria saber mesmo é se elas conversavam? E se o fizessem, o que diriam?

A alma era para ficar silenciosa. Não falar nada. Simplesmente saber que tinha sido arrancada do corpo e seria o caso de pensar se deveria ir para outro. Mas, como faria? Elegeria o corpo de sua predileção ou seria indicada a qualquer deles? A alma pensou que pudesse ficar vagando no mundo sem rumo e sem destino. Simplesmente vagar por aí sem obrigação alguma. Quem sabe namorar outra alma. Se isso puder ser feito, quantas coisas lindas não diria a seu ouvido. Conhece a música que diz: se encontrasse uma alma como a minha, quantas coisas secretas lhe diria? Diria mesmo. Coisas secretas. De que adiantaria dizer coisas secretas se ficariam secretas?

Você sabe que cada coração guarda um mistério. No coração da alma ocorre o mesmo. Ele silencia em muitos casos. Os mistérios da alma são infinitos. Quando não está em um corpo, pensa livremente. Age livremente. Passeia livremente. Mas tem limites. Não pode usar o corpo. A alma é imortal. Não tem limites. Busca outro corpo se quiser.

Ora, a eternidade só pertence aos deuses! As almas não são obedientes aos deuses nem lhes devem favores. São independentes. O ser humano nasceu ser livre. No entanto, como disse Rousseau, está agrilhoado em toda parte. A alma não. A alma não tem peias.

Certa feita tentaram aprisionar minha alma. Disseram palavras doces ao meu ouvido. Passaram as mãos pelo meu corpo. Entrelaçaram minha mão. Tentaram me abraçar. Um sorriso quase me cativou. Sussurros. Uma boca a dizer coisas suaves. Coisas lindas a desfilar como cochichos. Minha alma ficou tentada. Tentou saber se não estava sendo seduzida. Procurou conselhos entre pessoas de mais idade e experiência. Conversou com outras pessoas da mesma idade. Olhou para os céus, viu as nuvens que marchavam sem cessar, formando figuras curiosas. Tentou escutar o vento. As nuvens mandavam mensagens erráticas, quase ajudando a me enganar. Ouvi a terra cujo coração pulsava sem parar num batido de fanfarra. Quis ouvir o mar, suas ondas faziam um barulho constante e suave. Mas não diziam nada. Os pássaros trinavam, mas nenhuma fala afirmativa. Eram apenas doces trinados que encantavam minha alma. Mas ela continuava seca e sem resposta.

Ora, o mundo não tem resposta para uma alma seca! Eu só procurava amor e compreensão do mundo. Talvez fugindo de algum amor que me quisesse aprisionar. Mas sempre me disseram que o amor liberta. Que o amor é glória, é alegria! Mas o amor que liberta é o mesmo que aprisiona. O caminho é o mesmo da sujeição. É uma encruzilhada. Dois caminhos a seguir. Ambos perigosos. Ambos sem conhecimento do futuro.

Ah! Betelgeuse, minha corada estrela. Por que você não me socorre? Tire-me do meio dessa pandemia! Deixe-me só com a alma, mas livre-me desses cemitérios soturnos, tristes, sujos, cheios de ciprestes que sussurram ao anoitecer. Parece que as almas penadas vêm visitar as outras e pedir ajuda. Nem o fogo fátuo as assusta. Com a queima de gases e de terras pantanosas até o boitatá se assusta.

A mitologia cria explicações maravilhosas para fenômenos naturais inexplicáveis. Boitatá é um mito que queima. Arde à noite para juntar almas. As aflitas aconselham-se com as ponderadas. Carinhos e afagos são parte da fusão das almas. Não apenas as amorosas, mas as sentimentais e mesmo as tristes são consoladas. O fogo fátuo é isso. É a reunião de almas que não encontraram ainda o caminho do eterno. Estão perdidas e se apegam a outras. Juntam-se e brilham. Conversam, dialogam e se separam. Daí nasce um fluido branco que sai da terra e vai para o espaço. Vão juntas as almas amigas. Brilhando. Dizendo uma à outra que tudo tem jeito e que ela não deve chorar. Irá encontrar outro corpo ou ficará pairando por aí, como planador.

Boitatá é luz, é brilho, é coisa boa. Não espanta ninguém. Se você vir um fogo fátuo vá até ele. São almas choramingando. Dê-lhes consolo.

55.

– Feliz dia dos pais – disse João.

– Obrigado. Meu maior presente é ter você como filho.

Esse diálogo deve ter se repetido muitas vezes em diversas casas. Tantos são os Joões por aí, filhos de tantos pais carinhosos ou não. Alguns fizeram apenas o trabalho biológico da transmissão do sêmen. Trabalho, porque não devem ter sentido prazer algum, apenas cumpriram uma função orgânica. Outros amaram profundamente o momento da inseminação. Deliciaram-se reciprocamente. Deliraram de prazer. Doaram-se totalmente.

Aquele dia era realmente especial para Artur, pai de um casal. A menina tinha falecido há algum tempo. Era linda. Graciosa. Brincavam muito com ela. Certo dia sentiu-se mal, começou a ter febre, ânsia de vômito, procurou a cama, cessou a alegria do dia. Anoiteceu, e ela se foi. Assim como veio. Apenas um dia de tristeza. Artur ainda a levou ao hospital, mas de pouco adiantou. Foi internada, mas durou horas. Saber o que tinha sido? Para quê? Mariana morreu como nasceu. Quietinha. Um sorriso e um fechar de olhos.

Artur não gostava de lembrar. Ficar remoendo de nada adiantaria. Claro que era uma alegria ter o João. Estava com 11 anos. Esperto. Queria ser jogador de futebol. Adorava ficar chutando bola. Mas dentro de um apartamento, como podia? O vizinho de baixo já reclamara duas vezes. Quando podiam iam para o Ibirapuera e lá sim, iam para o gramado, longe de todos, ficavam chutando bola. Quando havia sol era uma festa. Riam muito. Só não havia o gol para gritarem. Mas, quando a bola vinha rasteira, João pulava nela, a agarrava e saía gritando.

Nem tudo eram rosas, no entanto. Depois da morte de Mariana, a mãe ficou macambúzia, triste, parecia que o mundo acabara. Nunca mais sorriu. Por vezes apenas João conseguia um abrir de boca mais amplo. Mas não era um sorriso de alegria. Era um sorriso triste. Forçado. Parecia que tinham arrancado um pedaço dela. Tudo lembrava a menina. Os retratos permaneceram no mesmo lugar. A cama de Mariana ainda estava arrumada, como se esperassem que voltasse. Às vezes, ouvia-se a mulher fazer uma prece sentida. Uma lágrima sempre corria por seu rosto.

João sentira no começo, mas depois passou. Não tinha mais a irmãzinha para brincar, mas tinha o pai e a mãe. Para estes o baque foi duro. Artur conseguiu superar. Claro que por dentro estava vazio. Externava uma alegria que buscava no fundo da alma. Não podia entristecer ainda mais a mulher.

No dia dos pais tinha que vestir a fantasia novamente. Não podia desagradar João. Era a figura do palhaço que tinha de tirar do baú e deixar o dia passar. Aparentemente tudo deveria estar bem. Por dentro sua alma estava aos destroços. João não precisava saber.

A vida é um teatro. Representava todos os dias diversos papéis, o pai, o marido, o advogado, o amante, o amigo. Era tudo e não era nada. Naquele dia era o pai que teria que sorrir e fazer feliz o filho. Até às nove da noite, quando João ia dormir.

Mais um dia para enganar a vida.

56.

Ela era sozinha. O marido morrera há pouco mais de dois anos. Tiveram uma linda convivência. Não eram ricos, mas o que ganhavam dava para ter uma vida digna. Ambos viviam em sintonia. Ele trabalhava fora. Era advogado. Ela atendia pessoas ricas organizando festas, mesas, armários. Era uma espécie de *designer* de interior.

Quando havia sobras de dinheiro adoravam viajar. Gostavam de conhecer novos países. Especialmente na Europa. Adoravam Paris, mas tinham Roma como seu principal centro.

Subitamente ele faleceu. Não disse adeus aos amigos. Simplesmente em determinado dia fechou os olhos e se foi. Nem dela se despediu. Talvez para não machucá-la, tanto que a adorava.

Vocês sabem como é a vida. Ela prepara surpresas sem avisar. Ainda mais quando chega a hora da chamada para o outro mundo. Pega o indivíduo de surpresa. Sem mais, rompe o sopro da vida e toma sua alma. Não que se tenha feito qualquer acordo com Mefistófeles. Longe disso. Viveram vida apertada sem precisar de qualquer acerto com espíritos malignos.

O enterro foi bastante simples. Sem muita gente. Eles tinham vivido sem muitas visitas e conhecidos. Viviam para si. Juntos. Casal sigiloso.

Ela ficou sozinha na vida. Procurou algumas atividades para fazer. Havia algum recurso para subsistência. Não muito. Uma pensão e uma aposentadoria. Dava para viver. Sem glamour, mas dava para pagar condomínio e servia para as despesas. Não havia ficado com muita coisa. Restou um pequeno apartamento. Coisa pouca.

Veio a pandemia. Se já vivia sozinha, agora piorara. Sem amigas, sem alguém para consolá-la. Vivia na frente da televisão. Mas não parou de sonhar. Folheava revistas antigas sobre turismo e revia alguns lugares que já conhecera e outros que adoraria conhecer. Agora, só mesmo em sonho. Na realidade, já não acreditava que isso seria possível.

Ninguém a visitava. Vez por outra, bem raramente, uma amiga ligava. Mais para se ver livre da obrigação. Ainda eram compromissos passados de amizade antiga.

Assim era sua vida. Triste. Mas não desistia. Tinha espírito combativo. Não se deixava vencer à toa. Tinha garra. Iria prosseguir. É verdade que de vez em quando sentia a idade e alguns problemas apareceram. Teve que se submeter a uma cirurgia na bacia. Dureza. Sem ninguém. Mas, para que precisava de alguém? Chegara até aqui sozinha. Sobrevivera muito bem na falta do marido, seu doce companheiro de uma longa vida. Para que esmoreceria agora?

Sabia que não tinha muitas esperanças. Era aguardar a morte. Triste enfrentamento. Mas não a temia. Prosseguiria. Era guerreira.

Não tinha a quem se socorrer. Pouco lhe restava, mas não arrefeceria nem entregaria os pontos.

Era viver... viver... viver e morrer. Triste sina.

57.

A pandemia nos obriga a ficar em casa. Ponto. Estou resignado. Fico em casa. Leio, assisto à televisão, converso com a empregada e com minha mulher. Os filhos já estão todos fora. Cada qual reside em sua casa. Como faço, então, para ter todos juntos? A melhor solução, e acho que a única, é tê-los em retrato. Este tem a função de fazer os ausentes estar presentes.

Olha aquele ali. Éramos quatro irmãos. Cada um diferente do outro. Nem poderia ser diferente. O mais velho arrumou um cargo na Administração Pública. O outro era uma espécie de caixeiro viajante. Homem de mil coisas e atividades. Comprava e vendia com facilidade incrível. O terceiro tentou Medicina. Não deu certo. Voltou-se para o Direito. E eu, professor.

Mas não importa o que cada um faz. O importante é o retrato. Ele nos traz doces e amargas recordações. Meus pais já morreram.

Com certeza estão em algum lugar do espaço sideral. Vagam por aí. Seguramente acompanhados de anjos. Livraram-se do vírus que agora nos atormenta.

Dois dos irmãos também já se foram. Nunca cometeram crimes ou delitos. Devem estar, calculo, acompanhando nossos pais. Será que estão juntos? Quem pode dizer? Quem sabe dos desígnios dos deuses?

O retrato em que vejo meus pais é fantástico. Bastante antigo, mas bem se pode ver o rosto lindo da minha mãe. Meu pai também fazia bela figura. O conjunto é bonito. Ela tem um sorriso delicioso. Quase matreiro. O pai era sério. Não esboçou sequer uma ameaça de sorriso.

Mas, eu dizia, o retrato é exatamente para que você traga o ausente à sua presença. Fica tão íntimo que você pode conversar com ele. Pode falar que ele está escutando. Torna a conversa mais íntima. Pode lhes contar coisas passadas, recordações ou pedir conselhos sobre o momento atual.

O que eles diriam sobre a situação do Brasil? Do estado? Do município? Estão indo bem os governantes?

Acho que fariam uma série de observações. O momento brasileiro é bastante delicado. A situação não está catastrófica, mas é preocupante. De onde sairão recursos para bancar a renda básica a todos os brasileiros, ou pelo menos aos mais pobres. Os necessitados precisam da ajuda do Estado. Por menos que seja o pagamento dá para comprar cesta básica e alguma roupa para vestir as crianças. Comprar remédio, talvez. Há a conta da luz, da água, do gás. Será que cobre tudo? Claro que não. Mas cada um tem que fazer sua parte. O governo ajuda um pouco. O resto é individual.

Quando falei ao meu pai que a corrupção tinha diminuído, ele deu seu primeiro e breve sorriso. Você não acredita? Ele sorriu de novo. Sorriso enigmático. De dúvida. Ele sabia que a corrupção no Brasil é arraigada em seus costumes. É quase nativa.

Os pobres estão cada vez mais pobres e marginalizados. Limitaram-se a nascer no Brasil, mas não têm nenhuma dignidade. Estão alijados dos bens da vida e das comodidades oferecidas pela comunidade. Vivem segregados. Quase em campos de concentração. Dali não fogem. Ir para onde? Só se for para piorar.

Esta é a realidade brasileira. Uma casta de ricos despreza a dos pobres. Mas o retrato queria escutar isso? O retrato não falava, mas eu podia ouvi-lo.

Pensei em relatar o que se passa hoje na política. Ah! Acabaram de operar uma menina de dez anos que foi estuprada. Retiraram a criança. Aborto obrigatório. Toda criança é vulnerável e merece proteção legal. Acredita, meu pai, que dezenas de pessoas foram até o hospital onde aconteceu a operação para protestar contra o aborto? As igrejas também se manifestaram contra. É possível tamanha idiotice perante os céus? Meu pai (o retrato) fez cara de enfezado. Sei que ele achava absurdo obrigar o nascimento em casos como este.

O mais incrível, disse o retrato, é que ainda tem gente que pensa em obrigar a criança a ter o filho!! Cabe maior absurdo?

É verdade que também foram ao hospital os favoráveis ao aborto. Mas não por pena da criança. Foram para ver a manifestação, como se fosse um circo.

O retrato entendeu que cada qual é dono do seu corpo. Não é importante razões religiosas para decidir o que deve ser feito. As religiões são um freio social, ajudam, mas há uma cretinice em cada um. Formação quase psicopática de achar que há um deus todo poderoso que toma conta de tudo, onisciente e onipresente. Cabe maior absurdo?

Você já viu, disse meu pai, o tamanho do cosmo? Você sabe o que é ano-luz? Sabe quantos bilhões de astros rodam pelo mundo? É um caos, mas há gente que acha que há uma lógica nos movimentos celestes. Pode até haver, mas são forças energéticas que lidam com tudo isso. Tudo matéria.

Ainda olhando para os retratos, vi o da minha mulher. Loira, bonita, sorriso contido. Não enigmático. Pode-se, ao olhá-la, saber o que pensa. Mas no fundo sempre há o recôndito. Sempre há o pensamento íntimo que guarda uma surpresa. Dá para perceber o que pensa, mas resta um segredo. Quem pode conhecer o que se passa na cabeça das pessoas? O comportamento pode ser previsível, mas o pensamento é fluido e voa como as asas do condor. Por que me veio à mente agora o condor? Você já viu seu voo? É maravilhoso. É uma ave enorme típica dos Andes. Quando alça voo abre suas enormes asas e deixa-se ficar planando nos céus. É o dono deles.

O olhar passou por outros retratos, genros, sogros, filhos e filhas, todos faziam um amontoado do passado. Tios e tias eram bem-vindos, mas em suas casas. O passado fica no passado ou se faz presente? Nós não vivemos no passado, o esquecemos. Ele não é um amontoado de recordações. Não há gavetas e portinholas em que acomodamos as lembranças e as esquecemos. O passado está presente. O presente é influenciado pelo passado. Eles são uma e mesma coisa. Não ficamos deslocados dele. Ele está aqui e agora.

Os retratos trazem à nossa mente o passado. Feliz ou infelizmente. Mas somos fruto dele. Mistura do hoje com o amanhã. É, o amanhã também entra nessa conjugação, porque o passado pressiona o presente e ambos formam o futuro.

Sempre assim. O retrato é que nunca está no futuro. Ele é passado para nos fazer conhecer o presente, e ambos nos empurram para o futuro.

58.

Sônia estava abraçada ao seu cãozinho. O casal só tinha uma filha e havia lhe dado um *Cocker spaniel*. Cachorrinho lindo. No começo, Sô, como a chamava o casal, tinha medo dele. Ele latia, ela se encolhia. Mas, com o tempo as coisas foram mudando. Agora, ela não abria mão de tê-lo a todo instante. Era um cachorrinho dócil. Seu olhar lânguido a todos encantava.

Os pais pensaram muito antes de comprar o animal. Com essa mudança de comportamento, por força da pandemia, a filha era obrigada a ficar sozinha. Eles estavam nos monitores do computador o tempo todo. Ela era professora, e ficava horas diante da tela dando aulas virtuais. Ele era médico, e dava não só seu expediente normal nos hospitais, como ainda tinha atendimento em seu consultório. Em tempos de pandemia e com a chegada do frio, as consultas se multiplicavam. Não só pelo risco da Covid-19, mas por diversos problemas respiratórios que advinham.

Em suma, tinham pouco tempo para ficar com Sônia. No início ela suportou bem o "abandono", mas com o passar dos dias foi perdendo sua vitalidade. Era uma criança cheia de "gás". Brincava o tempo todo, cantava, divertia-se com a mãe em brincadeiras mil. Tinham grande sintonia. Mas chegava a hora das aulas, e a mãe tinha que se ausentar em seu pequeno escritório para dá-las. Aí, restava a Sônia ficar sozinha. O pai, coitado, estava envolvido plenamente com os problemas médicos. Auxiliava nas Clínicas, atendia no Osvaldo Cruz e tinha seu consultório. O dia inteiro fora. À noite adorava ficar com a filha. Mas ela, entristecida pelo abandono parental, fechava-se em tristeza.

A solução foi arrumar o animalzinho. Dócil. Então, Sônia passava horas sem fim cuidando dele, brincando com ele e levando-o com a empregada para as necessidades na rua. Ela era extremamente educada. Levava um pedaço de plástico para recolher as fezes do cachorro. Sabia que não podia deixá-las na rua porque as pessoas que por ali passavam podiam pisar nelas e, além de ficarem muito bravas, as levariam para outros lugares da rua. Era anti-higiênico. Demonstrava fala de educação e de cultura. Por isso sempre levava o recipiente para recolher as fezes e jogá-las no lixo. Havia uma pessoa que inventou um tal de "cata caca", que era um cone de papel com abertura na ponta. A pessoa precisava apenas enfiar o "cata caca" nas fezes do animal que nele entrariam e pronto. Pena que a invenção não conseguiu patente.

Os pais estavam contentes com a solução que haviam ancontrado para que Sônia não caísse em nostalgia. O estresse, quando alcança as crianças, atinge os pais. Eles se desesperam na busca alguma solução. Mas, o que fazer em tempos de pandemia? Sônia tinha seu horário para estudar (era ainda uma criança de quatro anos), podia ver algum filme na televisão (o canal da Netflix tinha bastante coisa para assistir e ela gostava), havia papéis para colorir e quebra-cabeças que ela adorava.

Ocorre que, apesar de tudo, ela ainda, por ser hiperativa, se mostrava arredia e triste. Os pais pensaram em outra solução. Consultaram um psicólogo, que lhes explicou as dificuldades que todos enfrentavam em tempos de pandemia e, dentre as alternativas, ocorreu a do cachorro.

A princípio refutaram a ideia. Mas depois, conversando entre si, resolveram que a solução poderia ser boa. Foram inicialmente ao canil da Prefeitura. Repleto de cães. Mas havia o risco de zoonoses. Evitaram. Foram, então, a uma *dog house* e lá viram cachorros de toda espécie. Lindos. Bem tratados. Lindos. De diversas cores. Compraram um e o levaram para casa. A surpresa seria genial.

Foi então que, ao chegar em casa, ao mostrar o animalzinho ainda bebê para Sônia, ela tremeu de medo. Quase se arrependeram. Mas, com conversa e calma, aos poucos a criança foi se enturmando com o cão.

Na primeira vez que se viram o cãozinho fez um barulho que parecia um rosnar, e ela se assustou. Começou a chorar. Os pais vieram em seu socorro. Passaram as mãos sobre a cabeça e as orelhas do cachorrinho, ele se deitou e rolou de alegria. A criança, então, percebeu que o cão era calmo e não a machucaria.

Tempos depois eram inseparáveis. O cão a seguia por toda parte. Até no banheiro. Quando Sônia tomava banho, o cachorro ficava deitado no tapete, mas olhando para a garota. Quando saia, seguia seus passos. À noite, dormia aos pés da cama, no tapete.

Curioso era quando a menina ia almoçar. Ele se postava bem ao seu lado, deitava e dormia. Não acompanhava a garota no almoço. Preferia comer depois, mas junto dela. Quando ela estudava, ele sabia que tinha que ficar quieto. Ficava de pescoço levantado e vigiava todos seus movimentos. Parecia que acompanhava seu raciocínio. Por vezes levantava-se, fazia sinais com o pescoço e os olhos, mas desistia, porque Sônia não o estava acompanhando.

Eram dois seres, mas pareciam um só. Com o passar do tempo a menina começou a copiar cacoetes do cachorro. Deitava-se no chão e rolava, como animalzinho.

O que mais conquistava todos era o olhar do cão. Pungente, carinhoso, doce, suave. Quando ficava olhando a garota, parecia apaixonado por ela. O cão parecia acompanhar seus movimentos. Estavam entrosados. Era uma estranha interpenetração de sentimentos.

Sônia só tinha que agradecer à Covid-19. Se não fosse por ela não teria o cachorrinho. Hoje ela não podia viver sem ele. Parece que seus pais, num primeiro momento ficaram contentes, porque entendiam que tinham resolvido os problemas afetivos da filha. Mas depois, com o relacionamento entre a menina e o cachorro, por mais interessante que fosse, criava um vínculo de dependência com o animal.

Seria dolorido quando ele morresse.

59.

Ele estava tremendamente irritado. Por quê? Por nada. Simplesmente os meses de pandemia em que se via obrigado a ficar em casa o levaram a uma quase depressão. Seus hábitos tinham se alterado. Não podia sair para lugar algum. Estava confinado em casa. Era contador. Vivia examinando papéis, mas encerrado em casa vivia na frente da televisão.

Não tinha cultura. Detestava ler. Nem jornais. Mas gostava da fofoca política. Adorava ver o presidente falando bobagens e sua corriola aplaudindo. O presidente era do mesmo nível de Haroldo. Acho que eles se entendiam por causa disso. Ele tinha estatura mediana, perto dos 1,65 m, mais para gordote que para físico de atleta. Mãos grossas era o que se destacava nele. Não sabia por quê. Caso fosse trabalhador braçal até que era justificável ter mãos grosseiras. Mas contador não. Lidava com papéis. Bem, não vamos ficar apurando ontológica ou antropologicamente os motivos da disparidade das mãos em relação a suas tarefas habituais.

Todos os dias, rigorosamente, antes da pandemia, saía de casa às 9. Acordava. Esporte nem pensar. Levantava-se por volta das 7. Tomava banho, café e punha-se na frente da televisão para ver as notícias. Absorvia-as como toda a população. Notícias apenas, sem qualquer critério para distinguir as corretas das *fake*. Não gostava nem desgostava dos políticos. Eram indiferentes. Nenhum deles iria ajudá-lo no dia a dia. Não precisava de nada. Tinha seu trabalho e sua casa que estava paga. Sustentava-se bem. Seus filhos já tinham saído de casa. Cada qual vivia por seus próprios meios.

Ocorre que não estava suportando sua mulher. Ela vinha chamar sua atenção o tempo todo. É hora do banho, dizia. Você não para de tomar cerveja, cacarejava. Desligue a televisão, insistia. Haroldo estava a ponto de estourar.

Especialmente hoje estava com um mau humor extraordinário.

Aí ela veio reclamando de que ele não fazia mais nada. Que era vagabundo. Que só sabia ficar na frente da televisão. Ela queria limpar a sala e não conseguia. Ficava só na cozinha. As filhas não davam bola para ela. Começou a chorar. Pronto. Foi a gota d'água.

– Para de chorar – gritou ele. – Velha besta. Só me enche o saco. Você não se enxerga!!!

A agressão não demorou. Foi um soco no estômago e ela dobrou o corpo. Outro no rosto. O sangue foi imediato. Ela gritou. Caiu com bastante estrondo. Arrastou cadeiras. Pior, bateu a cabeça na quina da mesa. Aí o sangue jorrou.

Pronto. Estava feito o estrago. Já havia batido nela uma vez. Mas tinha sido mais *light*. Tinha sido só um empurrão, e ela se estatelara no chão. Tinha machucado a costela porque com a queda ferira-se na cadeira próxima.

Agora tinha sido pior. Dois socos certeiros. Um na barriga, outro do rosto. O sangue se espalhou.

Ele parou para ver o estrago que tinha sido feito. Apanhou uma blusa e saiu de casa.

Ela se levantou toda quebrada. Chorava a mais não poder. Não tinha a quem apelar. Suas filhas moravam em outra cidade. O olho e todo o rosto começaram a inchar. O que fazer? Tinha que ir a uma farmácia ou a um hospital. Mas, que jeito? Não tinha ninguém. Chamar os vizinhos? Não. Aí seria mais humilhação. Iriam ficar com dó ou talvez achassem que fora bem-feito.

Apanhou sua máscara de proteção da Covid-19, o que ajudava bastante a encobrir o hematoma proveniente do soco. Mas o sangue ainda estava no rosto. Saiu em direção ao hospital. Não era longe. Dava para ir a pé. Chegou. O escrivão perguntou o que havia ocorrido. Deu o nome do marido e contou o fato. Ele lavrou o B.O.

Mais um caso de agressão a mulher. Ela estava com tanto ódio que faria valer a lei Maria da Penha. Não podia aceitar aquilo. Ela trabalhava o dia todo cuidando da casa e se preocupando com as filhas. Haroldo vinha com brutalidade. Ela não dissera nada. Simplesmente queria manter a casa limpa. Sentia-se a última das mulheres.

Já não era bonita. O tempo havia levado o que restava da sua graça e disposição para o amor. Sexo nem sonhar. O marido mal olhava para ela. Ainda sonhava com alguns carinhos que despertasse a libido e depois terminaria em grande masturbação e orgasmo. Mas, qual o quê. Com aquele homem não dava para sonhar coisa alguma. Pensar em outro? Com sua idade e seu corpo, hoje já bastante debilitado e fora do figurino da beleza, não podia sonhar. Aliás, sonhar podia, mas sabia que na realidade nada aconteceria.

Era levar a vida até a morte. Só enfrentando a realidade. Bruta. Cruel. Dura. Sem lampejos de suavidade. Era acordar, lavar, passar, cozinhar, limpar de novo, assistir um pouco de televisão à noite. Bem que as novelas poderiam melhorar um pouco. No princípio eram ótimas, mas depois caiu em situações e temas desinteressantes. Prevalecia sexo, homossexualidade, brutalidade, agressões e mortes. Trazia-a mais ainda para a dura realidade já vivida e não se permitia sonhar.

Voltou para casa ainda com medo de encontrar o marido. Ele não apareceu na primeira noite. Na seguinte, veio com um amigo para pegar algumas coisas e novamente desapareceu.

A vida que já era difícil de levar a dois ficaria ainda pior. Ao menos não apanharia mais. Soube que ele foi chamado na delegacia para prestar declarações. Ela havia feito exame de corpo de delito. Ele seria processado. Mais um. Mas não era justo. Por que a mulher tinha que apanhar?

E agora sozinha? Como iria se sustentar? Nunca teve trabalho fora de casa. Sua vida toda tinha sido cuidar das filhas e do marido. Acordar, lavar, passar e cozinhar. Era um tédio louco. Mas suportara tudo pelas filhas e pelo marido, que no começo da vida tinha sido um bom homem. Agora, mudara tanto de comportamento que era difícil reconhecer nele a mesma pessoa.

Na delegacia ele deu a desculpa da tensão por causa da pandemia. O dinheiro escasseara, não estava habituado ao dia a dia com a mulher. Nos dias normais ficava fora o dia todo. Apenas a encontrava à noite. Televisão e cama. A rotina era perfeita. Não se conformava com a rotina da pandemia. Os ânimos ficaram tensos.

Havia tomado um esporro do delegado que o inquirira. Via as fotos da mulher com o rosto quebrado. Imbecil. Pensa que mulher é saco de pancada! Ele que se explicasse depois com o promotor e o juiz. Ainda mais o juiz que cuidava disso. Verdadeira fera. Tinha o pendor de proteção à mulher.

Recebeu uma condenação.

Ela bem que pensou que fora boa, porque ele se emendaria. Mas já não estavam mais juntos. O que importava? Mas ela cumprira sua missão. Defendera-se de uma agressão injusta.

Bendita lei Maria da Penha. Ainda mais na pandemia.

60.

A mulher já não aguentava mais. Ele ficava o dia todo fechado em seu quarto ouvindo a "patética" de Beethoven. Parece que não se cansava. Para ele a música tinha todo significado do mundo. Todos os sentimentos afloravam quando ela a ouvia.

Ele parece que desencarnava. Gostava de ouvi-la com Skenazi. Era soberbo. Os dedos fluíam sobre o teclado do piano e tiravam sons magistrais. Tinha ouvido com outros virtuoses, mas gostava mesmo era da interpretação de Skenazi. Ele extraía da composição tudo que seu ouvido queria ouvir. Era verdadeiro enlevo. Transplantava-se para outro mundo. Um mundo desconhecido e ignoto.

Quando começava a apresentação ele esquecia de tudo. De todos os problemas. Os de casa deixava por conta da mulher. Evitava o barulho dos filhos. Não é bem que evitasse, parecia que entrava em êxtase. A música o transplantava para outros mundos. Não países. Mas mundos. Era sua incorporação ao cosmo. Coisa mesmo de integração com céus, estrelas, cometas, vias lácteas e tudo o mais. Não via anjos, pois sabia que não existiam. Mas via e sentia o mundo em si. Penetrava em seu corpo. Entrava profundamente em sua mente. Sua alma parecia estar em outro lugar. O corpo em um, ela em outro. Seriam partes divisíveis e separáveis do ser? Ah! O que importa!

Indagações filosóficas eram irrelevantes àquela altura. Perder tempo com isso para quê? Estava enlevado. Parecia que andava pelas nuvens. Bastava o primeiro toque da "patética" para se esquecer do mundo. Gostava também da "eroica" e da 5ª, mas esta ele achava muito forte. O início era chamativo, dramático, violento. Não, embora achasse também os sons divinos, não os apreciava. Gostava mesmo era da "patética".

Nunca soube se havia alguma explicação racional. Mas música não se escuta com a razão. É a mais divina das artes. Gostava de pintura, de escultura, de literatura, especialmente poesia, da arquitetura, mas achava que a música superava tudo. Ela fala ao íntimo. Claro que a pintura embevece nossos olhos e agrada a alma. Mas a música penetrava tudo. A pintura está ali, estática, não se movimenta, temos que vê-la. A música não. A música está no e se transmite por ondas. Mas não é qualquer música.

Evidente que cada geração tem seu gosto e suas preferências. Alguns gostam do som alto; outros de bastante barulho. Toca nos nervos. Antigamente era a cítara que agradava a todos. Veio a música da Idade Média, tocada e cantada por bardos. Aparelhos que emitiam notas maravilhosas só superadas por outros descobertos posteriormente.

De repente surgem os virtuoses, seres humanos que querem concorrer com os anjos e compositores que vão até o céu e de lá tiram os sons que jogam em suas músicas. A ópera canta a música e a interpreta. As crianças gostam de sons suaves cantados por fadas.

Ele não se perdia em elucubrações. Gostava de sentir a sintonia tomar todo seu ser. Dos pés à cabeça. Ela tomava todo seu corpo. Mas, mais que isso, sua alma. Ficava emocionado com os sons que Beethoven havia composto sua sonata. Era magistral. Magnífico. Genial.

Para produzir sons como os da "patética" a pessoa precisa ser muito inspirada. Não é fácil. Recebeu as bênçãos divinas. Algum ser transcendente havia ditado a obra para o compositor. Só assim justificava-se tanta beleza.

Ao ouvi-la não se podia pensar em nada terreno. Nem coisas simples ou pobres. Tinha-se que pensar em algo nobre. Por isso é que ele não conseguia ouvir sua mulher nem os filhos. Ainda que fossem eles, a música os superava. Os filhos nem podiam chegar perto. Primeiro porque não entenderiam tanta maravilha; segundo, porque fariam barulho; e, terceiro, porque gozariam do pai. Isto é coisa de velho, diriam e ririam.

Aquela música era proibida para ouvidos não especializados. Talvez fosse mais bem compreendida pelos apaixonados. Quiçá pelos sofredores. Talvez pelos de alma melancólica. Jamais pelos arrogantes, elétricos em seus movimentos e rudes em seu comportamento. Não. Não era para ser ouvida por essas pessoas. Para ouvir a "patética" tinha que ter sensibilidade.

Em tempos de pandemia, para ele era a música exata. Medida de sentimentos e apropriada para momentos de solidão. É verdade, a solidão ficava bem com ela. Combinavam. Complementavam-se. Mesmo quando não se sentia melancólico gostava da música. Adorava-a de qualquer maneira.

Ele fechava a porta, punha a sonata e ficava escutando. Quase como quem escuta o vento buscando ouvir uma mensagem. Tal como o vento, a música estava repleta de mensagens. Para ele o vento tinha voz. A música falava aos sentimentos.

Para tempos de pandemia não havia nada melhor. Isolava-se e ouvia a "patética".

61.

A pandemia propiciou isso. Diálogos. Conversas. Estórias interrompidas. Mortes não queridas. Mesmo indagações mais filosóficas cessaram. Outras nasceram sobre o significado da morte. Ela é o fim ou é o início de outra, na qual veremos os entes queridos que ainda não reencarnaram. Será que é assim?

Ele se lembrava de quando tinha escrito uma espécie de romance que intitulou "O desterro é o destino". Tétrico diálogo entre o defunto e os vermes. Havia coisa mais fúnebre? Mas tinha escrito com prazer. Com prazer? Era esquisito. A todos que comunicava seu novo romance esboçavam um gesto de repulsa. Novo talvez. Quem quer ouvir tais coisas? Só doidos. Aqueles que dizem ser Napoleão.

Ora, pensava, se os diálogos foram interrompidos ou incentivados, de qualquer maneira imaginar uma conversa entre morto e verme era bastante interessante.

62.

O casal estava em plena dissidência. Antes da pandemia havia uma convivência tranquila. Cada qual saía para o trabalho. Os filhos já estavam encaminhados. O mais velho era motorista, casado e vivia longe dos pais. A segunda casara-se também, divorciara-se depois e vivia em união estável com outra pessoa. O terceiro morava com o casal. Desmiolado e deslocado na vida, vivia todo o tempo deitado assistindo televisão. Levantava-se para o café da manhã, almoço e jantar. No mais, ou ia para a rua fazer nada ou ficava na frente da televisão.

Já era um problema para o casal. Pior é que estavam se desentendendo. O marido, embora saísse para o trabalho, viu-se obrigado a ficar em casa, pois trabalhava em restaurante como maître. Estava afastado há já quase cinco meses. A mulher da mesma forma. Trabalhava em banco e fora dispensada no período da pandemia.

Estavam os dois em casa. Sem ter o que fazer. Logo começaram implicações mútuas. Ela dizia que ele era relaxado, deixava os sapatos pela casa, não tomava o cuidado de limpá-los quando voltava de uma saída. Suas roupas também ficavam esparramadas na sala. Ela implicava o tempo todo. Por vezes, comia na sala assistindo a televisão e ali mesmo deixava o prato junto com a garrafa de cerveja. Acontecia de dormir ali mesmo. Espichava o corpo no sofá e roncava.

Ela, por seu lado, embora cuidasse da casa, passou a ver o marido reclamar de tudo. Ora era a comida que não estava boa. Ora estava sem sal, ora não havia variação. Era sempre arroz com feijão e uma carne. Só. Não tinha imaginação? Não sabia combinar as coisas? Não podia variar um pouco e fazer uma farofa, fritar um ovo? Demais disso, qual o problema de dormir na sala? Ninguém vinha visitá-los! Não aparecia ninguém. E a presença de cada um foi sendo um incômodo para o outro.

A mulher tinha crises de choro, e o homem de raiva. Ele se exasperava por qualquer coisa. Vendo-se criticada, chorava.

Certa feita ele disse que ela estava com o rosto cheio de "rouge". Ela disse que não era isso, mas *blush*. Ele xingou e retrucou que falava do jeito que quisesse. Disse alguns palavrões, e ela chorou.

Em dado dia ela apareceu com um avental com algumas manchas, ele imediatamente a criticou. Onde se viu usar coisa assim? Será que não tinha ao menos o cuidado de limpar o avental? Que coisa horrorosa! Ela chorou.

Outra vez, em pleno jogo de futebol que ele e o filho assistiam, ela veio comentar que sua tia estava doente e perguntou o que ela poderia fazer. O marido, aos berros, disse que não podia fazer nada. Aquela velha finalmente ia se encontrar com Deus. Velha que falava mal de todo mundo. Agora ia pagar as contas no inferno, gritou e ressaltou *o inferno*. Ela chorou.

Certa vez, ele estava sem fazer nada, olhando o umbigo, como se diz, e ela veio dizer que a filha estava de namorico com outro cara que não era o seu marido. E eu com isso?, respondeu ele abruptamente. Ela que se vire. Será que tem fogo no rabo! Tenho que tomar conta de tudo? Da casa e dos filhos também!!! Eles não eram erados e crescidos!!! Ela chorou.

Embora fosse uma mulher simples, Elisa não aguentava mais ver a indiferença do marido e seu mau humor permanente. Reclamava de tudo. Punha defeito em tudo. Nada estava bom. Nada saía como ele queria. Então, ela decidiu, ele que ficasse sozinho.

Foi para o quarto e começou a arrumar sua mala. Chorava. O marido ouviu o barulho e foi espiar. Foi até o quarto para dar mais uma bronca. Mas, quando viu a situação, perguntou a ela o que estava fazendo. Ela disse que ira embora e que já não suportava mais a situação.

– Você não vai a lugar algum – gritou ele. E ela chorou.

Chorou, mas continuou arrumando suas coisas. Ele apanhou a mala e jogou tudo no chão. Ela ameaçou apanhar as roupas do chão para colocá-las na mala, e ele, então, deu-lhe um chute.

Como diria Chico Buarque, foi a gota d'água.

Ela investiu contra ele. Tomou outro tapa, estatelando-se no chão.

Não havia ninguém em casa. Ela continuava chorando.

A pandemia tinha aprontado tudo aquilo. Os ânimos estavam à flor da pele. Em todas as casas. Era mais ou menos uma repetição do que se passava na casa de Elisa. Com ou sem agressão, os casamentos e uniões estáveis iam se desfazendo.

Claro que os pássaros que deixavam um ninho acomodavam-se em outro. Troca de casais. Quem sabe precisavam de uma dose a mais de paciência, mas a convivência diária enlouquecia os parceiros. Já não tinham mais paciência. Já estavam esgotados. Já os nervos estavam aos frangalhos. Qualquer coisa era sinal de incompreensão.

Não tinham mais paciência de esperar mais um dia. Sempre mais um dia. Um dia a mais e as coisas poderiam se acomodar. Mas, em verdade, ninguém aguentava mais.

Assim foi o período de pandemia. Os casais estavam tensos, exaustos, bravos, nervosos e não conseguiam mais compreender o outro. As razões de cada um eram absurdas. Nem perdiam tempo em escutar o outro. Era um rompimento atrás do outro. Discussões, incompreensões, desencontros e mal-entendidos.

A convivência não é fácil. Ainda mais em época de pandemia. Minha estrela, Betelgeuse, fazia o possível, mas não conseguia dominar as paixões de cada um. Era impossível.

63.

Ele tentou se explicar. Tinha dado um sinal para sua mulher, que estava no caixa efetuando o pagamento. A funcionária pensou que ele estava tentando assaltar uma freguesa. Chamou o segurança. Vieram dois. Ladearam João e o levaram para fora do supermercado.

– O que você estava fazendo próximo ao caixa? – indagou a fiscal.

– Esperava minha mulher pagar as compras para irmos embora – respondeu João, bastante nervoso.

Não compreendia por que o haviam chamado para fora do supermercado. Estava com sua mulher e tinha ido fazer algumas compras para o final de semana. Desconfiava que tinha sido cercado porque estava de bermuda e chinelo de dedo. Além do mais era negro. Esta era a razão pela qual os seguranças o acompanhavam. Bastaria a fiscal ter pedido explicação e ele a teria dado.

Na cabeça dela, por ele ser negro, estava próximo aos caixas era para assaltar uma cliente ou furtar alguma coisa.

– Conversa – disse a moça abrupta e rispidamente. – Você queria roubar alguém. Ainda bem que que vi e chamei os seguranças. Preto é preto. Vocês vivem para roubar. Não querem trabalhar, são vagabundos. A toda hora temos problemas com vocês aqui. Ainda bem que enxerguei o problema a distância e pude socorrer a mulher. Vagabundo.

João estava surpreso. Não havia feito nada. Tinha vindo acompanhar a mulher e queria comprar algumas cervejas. O pacote ficaria pesado, por isso veio com ela. Ele jamais imaginaria que pudesse acontecer alguma coisa. Era homem pacífico. Trabalhador. Era funileiro. Passava o dia todo na oficina do patrão.

– Não, dona. A senhora está errada. Eu não sou ladrão. Estou com a minha mulher. Ela está no caixa pagando as compras – disse João.

– Cala a boca, negrão – disse um dos seguranças, dando-lhe um tapa.

Aquilo ferveu seu sangue. Como aceitar essa humilhação. Não havia feito nada. Tomava bronca da mulher que o xingara, e agora um tapa do segurança. João reagiu. Desferiu um soco que atingiu o rosto do segurança. No mesmo instante o outro lhe deu um trança pé e o jogou no chão. O primeiro segurança desferiu um chute na cabeça de João. O sangue esguichou. Ele não acreditava no que estava acontecendo. Imediatamente um dos seguranças colocou o joelho sobre sua garganta. Perdeu a respiração. Quase desmaiou. Tentou dizer ao segurança que não podia respirar. Aos poucos perdeu a noção do que acontecia. A falta de ar era insuportável. Perdeu todos os sentidos.

A mulher gritou para os seguranças que ele não apresentava mais qualquer resistência e que o abandonassem. Eles o largaram.

João estava morto.

Era mais um que representava o preconceito de raça existente no Brasil. É verdade que algumas autoridades negam que isto ocorra.

Ora, sempre houve. Desde o início da nossa civilização. A escravidão identificava não apenas a diferença social, mas também de raça. O escravo era o símbolo da autoridade do branco. Com a abolição da escravatura não houve qualquer política de inserção social dos negros. Continuaram à margem. Como não tinham condições de se organizar, por falta de cultura e de coesão, cada um foi viver como podia. Continuaram sem escolas, sem assistência de saúde, sem poder disputar cargos públicos. Enfim, segregados.

Isso dura até hoje. Sempre se vê o preto com simpatia até a hora em que passa a ser um concorrente ou quer viver em nossa proximidade. Poucos aceitarão um genro ou uma nora negros. Quando começa um namoro a família reage. Busca afastar a menina. Dar-lhe conselhos. Mas ninguém pode imaginar que a união venha a ocorrer.

Quando um negro ou um casal entra em restaurante em bairro nobre, há um estranhamento geral. Não há repúdio formal. Mas conversas ocorrem, cochichos, olhares trocados em sinal de desprezo. É o estúpido preconceito que se manifesta. Ninguém fala ostensivamente por força da Lei Afonso Arinos, mas o preconceito é ínsito na cultura brasileira. Surge o mal-estar tão logo um negro assume posição de concorrência ou de mando. Aí os sentimentos se exteriorizam.

Negar isso é negar o óbvio. Ninguém chama um branco de "brancão", mas todos adoram chamar o negro de "negão". Dizem não ver preconceito aí. É implícito. Há como que um sentimento de desprezo. Diz-se na surdina que é inferior. Todos pensam assim e concordam, mas ninguém diz. É sub-reptício o sentido de afastamento e sujeição.

A polícia chegou pouco depois e pôde constatar a morte de João.

A mulher chamou um sobrinho, que chamou um amigo, que chamou um vizinho, que chamou outro amigo que chamou outro vizinho. Todos foram ao supermercado. Eram cerca de 100 pessoas, todos negros que vinham verificar a morte de mais um negro. Estatística policial. Óbito indiferente no IML. Era um a mais. Só que desta vez houve um sentimento coletivo de solidariedade. A mulher do João estava abobalhada. Tinham saído para comprar alguma coisa para o final de semana. O João a aguardava do outro lado do caixa. De repente, não o encontrou. João já estava morto.

Frantz Fanon bem analisou a mente do negro que é coagido a tentar ser branco (pele negra, máscaras brancas). Há um confronto permanente em seu interior. Conflito entre dominante e dominado.

Todos foram chegando. A situação começou a ficar tensa. Valeria a pena quebrar o supermercado? Invadi-lo? Roubar mercadorias? Não. Eles não mereciam aquilo. Mereciam uma solene indiferença dos negros. Todos eram um só. Um só representava todos. João deitado no chão e coberto com folhas de jornal.

Os negros pegaram um grande pano preto e se cobriram com ele. Era a representação da ignomínia a que estavam submetidos desde o Império. Era a cobertura das diferenças sociais. Quem não quisesse ver ou compreender bastava fechar os olhos e se fazer de ignorante. A realidade estava ali. Candente. A distância social que existia era tal que a elite permanecia indiferente. Simplesmente não queria aceitar sua existência. Enquanto os pretos vivessem em guetos melhor. Não incomodaria a raça branca localizada nos bairros nobres.

O coitado do João virara símbolo. Deitado no chão. Ensanguentado. Morto. Aniquilado pela força branca dos guardas do supermercado. Os negros que foram ao supermercado poderiam tê-los atacado e deixado um rastro de destruição. Não o fizeram. Comportaram-se como "brancos". Sentiram a diferença. A sociedade brasileira parecia querer isso. Uma elite branca rica e indiferente de um lado; de outro uma imensa maioria negra ou parda, pobre, estigmatizada e segregada.

Este não é o Brasil com que sonhávamos. Nem o Brasil dos políticos que se dizem sonhadores e idealistas e vendem ilusões às vésperas das eleições. Este é o Brasil real. Longe das filigranas. É o homem real que está ali jogado no chão e morto. Porque é preto. E pobre. E semialfabetizado. Marginalizado. Empobrecido. Inculto. Fruto da colonização e da segregação. É o pobre coitado.

Ocorre que a raça negra vai se levantar. Tais fatos servem para que o sangue ferva. Para que a raça se una e se movimente para modernizar o Brasil em termos de igualdade para todos. A igualdade não é problema de retórica. Tem que ser efetiva, garantida por lei e realizada na prática.

O Brasil não tem cor. Verde e amarelo em sua bandeira. Moreno em sua etnia. Vermelho em sua política. Sanguinolento em seus confrontos. É o Brasil que temos, não o que queremos.

O problema é que João será esquecido. Ainda precisaremos de outros Joões para que se passe tudo a limpo. Como disse Castro Alves, nosso pendão serve a um povo de mortalha.

Pela primeira vez vi Betelgeuse chorando. Seus olhos estavam úmidos. Quem disse que estrela não tem sentimento?

64.

Betelgeuse é uma invenção. O vírus não é. Misturei os dois para fazer uma análise do momento atual. Alguma filosofia. Situações corriqueiras, mas vividas. Pensamentos soltos. Realidades equívocas. Sentimentos atrofiados. Pulsação preocupada da vida. Quem sabe uma comédia. Talvez uma tragédia. Ambas se misturam?

BIBLIOGRAFIA

ASLAN, Reza. *Deus*. Rio de Janeiro: Zahar, 2018.
BENJAMIN, Walter. *Magia e técnica, arte e política*. vol I. Ensaios sobre literatura e história da cultura. 2ª reimpressão. São Paulo: Brasiliense, 2014. (Obras Escolhidas).
BOÉTIE, Étienne de La. *Discurso sobre a servidão voluntária*. São Paulo: RT, 2009.
BOURDIEU, Pierre. *O poder simbólico*. Rio de Janeiro: Bertrand Brasil, 2007.
CHAUÍ, Marilena. *Convite à filosofia*. 12. ed. São Paulo: Ática, 1994.
COMTE-SPONVILLE, André. *O ser-tempo*. São Paulo: Martins Fontes, 2006.
ELIADE, Mircea. *Mito e realidade*. São Paulo: Perspectiva, 2000.
ELIAS, Norbert. *O processo civilizador*. v. I. Rio de Janeiro: Zahar, 1939.
EPICURO. *Antologia de textos*. São Paulo: Abril, 1978. (Coleção Os Pensadores).
HARARI, Yuval Noah. *21 lições para o século 21*. São Paulo: Cia. das Letras, 2018.
LUCRÉCIO. *Os pensadores*. São Paulo: Abril, 1980. (Coleção Os Pensadores).
ORTEGA Y GASSET, José. *A rebelião das massas*. São Paulo: Martins Fontes, 1987.
PINKER, Steven. *O novo iluminismo*. São Paulo: Cia. Das Letras, 2018.
PLATÃO. *Fédon*. São Paulo: Edipro, 2008. (Diálogos Socráticos).
SARTRE, Jean-Paul. *O ser e o nada*. 18. ed. Petrópolis: Vozes, 2015.
SPINOZA, Baruch. *Ética*. Belo Horizonte: Autêntica, 2009.
UNAMUNO, Miguel de. *Del sentimiento tragico de la vida*. Buenos Aires: Losada, 2008.
WEBER, Max. *Ensaios de sociologia*. Rio de Janeiro: Zahar, 1979.
_____. *Crítica da filosofia do direito de Hegel*. São Paulo: Boitempo, 2005.

Compartilhando propósitos e conectando pessoas
Visite nosso site e fique por dentro dos nossos lançamentos:
www.novoseculo.com.br

facebook/novoseculoeditora
@novoseculoeditora
@NovoSeculo
novo século editora

gruponovoseculo.com.br

1º edição
Tiragem
Fonte: Athelas